Julia Kospach

Der grüne Daumen

Julia Kospach Christopher Fellehner

Der grüne Daumen

Know-how für Balkon, Fensterbank und Terrasse

sanssouci

Wichtiger Hinweis:
Die Informationen und Ratschläge in diesem Buch wurden von der Autorin und dem Verlag mit größter Sorgfalt erarbeitet und geprüft. Eine Garantie kann jedoch nicht übernommen werden. Eine Haftung der Verfasserin bzw. des Verlags und seiner Beauftragten für Personen-, Sach- und Vermögensschäden ist ausgeschlossen.

Unser gesamtes lieferbares Programm und
viele andere Informationen finden Sie unter
www.sanssouci-verlag.de

1 2 3 4 5 11 10 09 08 07

ISBN 978-3-8363-0009-4

Einbandgestaltung: Harald Hohberger, München,
unter Verwendung von Illustrationen von Christopher Fellehner
Satz: Christopher Fellehner, Frankfurt
Druck und Bindung: Kösel, Krugzell
Printed in Germany

Inhalt

Vorwort

Manche haben ihn von Natur aus, andere entwickeln ihn im Lauf der Zeit – den grünen Daumen. Aber auch die größte Gärtnerkarriere nimmt mit einer ersten Topfpflanze ihren Anfang, und auch auf dem kleinsten Balkon und der schmalsten Fensterbank ist ausreichend Platz für üppiges Blühen und Gedeihen.
Im Vorteil sind Sie, wenn Sie Ihren Pflanzen nicht völlig unvorbereitet gegenübertreten. Das steigert das gärtnerische Vergnügen, den Blüh- und den Ernteerfolg.
Dieses Buch ist für Balkon-, Terrassen- und Fensterbankgärtner jeder Art gedacht. Routinierte „Gründäumler", die nie aufhören, nach neuen Tipps und Tricks zu suchen, können sich davon inspirieren lassen. Leidenschaftliche Gartenlehrlinge lernen ganz bestimmt etwas dazu, und blutige Anfänger, die sich gerade erst mit dem Grün-Virus infiziert haben, erleichtern sich den Eintritt in die gärtnerische Praxis.
Hier erfahren Sie alles, was Sie wissen müssen: worauf Sie beim Pflanzeneinkauf achten sollten, wie Sie Ihre Pflanzen pflegen und umtopfen, wie Sie sie aussuchen und wo Sie sie hinstellen, welche am längsten blühen oder am intensivsten duften und welche auch auf dem Balkon reiche Ernte tragen. Es gibt ein Lexikon wesentlicher gärtnerischer Fachbegriffe, eine kleine Umtopf-Schule, ein Gieß-ABC, Tipps für die Urlaubszeit und die Schädlingsbekämpfung und eine Liste gängiger Pflanzen für Balkon, Terrasse oder Fensterbank.

Das große Gartenspiel wartet!

1 Basics

Mit ein bisschen gärtnerischem Grundlagenwissen verschaffen Sie sich einen satten Vorsprung und erleichtern sich obendrein die Arbeit. Hier erfahren Sie, welche Gartengeräte und Hilfsutensilien Balkongärtner im Sortiment haben sollten, wie Sie Pflanzen einkaufen und was Sie in Sachen Lagern, Sammeln und Aufbewahren wissen müssen.
Dazu ein kleines Lexikon gängiger Fachbegriffe und ein schneller Einstiegstest, damit Sie Ihren persönlichen „Grüner-Daumen-Faktor" richtig einschätzen können.

Einstiegstest

Haben Sie eine Vorstellung davon, wie grün Ihr Daumen wirklich ist? Gehören Sie zu denen, deren Fensterkästen jeden Sommer vor Blüten überquellen und die Ableger im Dutzend verschenken, oder kämpfen Sie seit Jahr und Tag auf Ihrem Balkon mit ein paar müden Topfpflanzen, die nicht so wollen wie Sie?

Ganz gleich, ob Sie per Geburt den grünen Daumen hatten oder noch daran arbeiten müssen: Die richtige Selbsteinschätzung steht am Beginn jeder großen Gartenkarriere.
Versuchen Sie deshalb mit diesem kleinen Test, Ihren persönlichen Grüner-Daumen-Faktor herauszufinden:

Frage 1: Sie möchten Ihre Cocktailtomaten-Pflanze an einem Stab aufbinden. Wie machen Sie das?

a. b. c.

a: Ich verwende ein Stück Bast, mit dem ich eine Achterschleife um Stiel und Stab mache, die ich jederzeit wieder öffnen kann.
b: Ich verwende eine Schnur, ziehe Stiel und Stab zusammen und mache einen festen Knoten, damit es auch wirklich gut hält.
c: Ich nehme grünen Gärtnerdraht, winde ihn um Stiel und Stab und drehe ihn fest zusammen.

Frage 2: Ein großer, schwerer Tontopf auf Ihrer Terrasse soll mitsamt Pflanze seinen Standort wechseln. Wie legen Sie die Übersiedlung an?

a: Ich gehe in die Knie, kippe den Topf, schiebe eine Rollhilfe darunter und rolle ihn an seinen neuen Standort.
b: Ich besitze nur Tonimitat-Plastiktöpfe und finde überhaupt, dass für solche Arbeiten muskelstarke, junge und kräftige Freunde herangezogen werden sollten.
c: Ich hebe, schiebe und stemme das schwere Trumm unter Kreuzschmerzen so lange herum, bis es dort ist, wo es sein soll.

a. b. c.

Frage 3: Auf den Blättern Ihrer Balkonbegonie hat sich ein weißer Belag gebildet. Was tun Sie?

a: So schaut nur Mehltau aus. Ich entferne sofort die kranken Blätter.
b: Keine Ahnung! Aber ich frage einmal meine Nachbarin, die seit 30 Jahren gärtnert.
c: So was will ich nicht im Haus haben. Ich werfe die Pflanze sofort in den Müll.

a. b. c.

Frage 4: Sie kaufen in der Gärtnerei eine Königslilie im Topf. Der Verkäufer erklärt Ihnen, diese brauche einen „kalten Fuß“. Wie reagieren Sie?

a: Alles klar! Ich beschatte Wurzeln und Basis der Lilie mit Steinen oder großen Tonscherben.
b: Ich schaue verständig und schlage zu Hause sofort in einem Gartenbuch nach.
c: Nichts für ungut, aber mein Fuß gehört mir! Ich entscheide mich für eine andere Pflanze.

a. b. c.

Frage 5: Sie ziehen in eine neue Wohnung mit schönem, aber nordseitig gelegenem Balkon. Wie planen Sie die Bepflanzung?

a. b. c.

a: Ich wähle einfach schattenliebende Pflanzen wie Fleißiges Lieschen, Zyklame oder Funkie.
b: Ich experimentiere herum und schaue, was gedeiht und was nicht.
c: Ich pflanze ausschließlich Efeu und träume von einer sonnigen, südseitigen Terrasse.

Frage 6: Der herrliche Blumenstrauß, den Sie gestern gekauft haben, schaut heute schon ziemlich traurig aus der Wäsche. Wie kann das sein?

a. b. c.

a: Hm? Ich probier's jetzt einmal mit einem Wasserwechsel und frischem Anschneiden der Stiele. Vielleicht erholen sie sich.
b: Ich hätte die Blumenstiele vorm Einfrischen schräg abschneiden sollen, wie's mir die Blumenhändlerin geraten hat.
c: Weiß ich doch nicht! Die Blumenhändlerin kann jedenfalls was erleben!

Frage 7: Ihre Nachbarin ruft an und fragt, ob Sie einen Fingerhut von ihr möchten? Sie sagen ...

a. b. c.

a: „Ja, sehr gern. Ist es ein roter oder ein gelber?"
b. „Ich hab noch nie einen gehabt. Wachsen die gut in Töpfen?"
c: „Nein, vielen Dank, ich nähe nie selbst."

Frage 8: Sie stellen einen Blumenkasten auf Ihre Außen-Fensterbank. Sichern Sie ihn ab?

a: Auf jeden Fall. Ich möchte nicht, dass er irgend jemandem auf den Kopf fällt.
b: Ich erkundige mich, was es da für Möglichkeiten gibt.
c: Ach was, der wird schon irgendwie halten. So windig ist es bei mir gar nicht.

a. b. c.

Frage 9: Sie möchten im Gartencenter Setzlinge für Ihre Balkonkästen kaufen. Wie wählen Sie aus?

a: Ich achte darauf, dass die Pflänzchen kräftig, gesund und üppig aussehen.
b: Ich rufe einen Verkäufer und lasse mich beraten.
c: Ich nehme die erstbesten und marschiere zur Kasse.

a. b. c.

**Frage 10: Sie fahren auf einen Sommer-Kurzurlaub.
Was tun Sie mit Ihren Topfpflanzen?**

a: Selbst ist die Pflanze! Ich stecke mit Wasser gefüllte Eineinhalbliter-Flaschen verkehrt in die großen Töpfe, die kleinen habe ich im Badezimmer in eine Wasserwanne mit Tonscherben-Bodenschicht gestellt.
b: Mein Bruder kommt zum Gießen. Ich habe ihn genauestens instruiert.
c: Die werden für die vier Tage schon allein über die Runden kommen.

a. b. c.

Auswertung

Zählen Sie zusammen, ob Sie a, b oder c am häufigsten angekreuzt haben – daraus ergibt sich Ihr Gärtner-Typ bzw. Ihr Grüner-Daumen-Index.

TYP A: Grüner Daumen oder Vom Glück des Gärtnerns

Glückwunsch, Sie haben den grünen Daumen! Nichts bringt Sie aus der Ruhe. Im Bereich des Grünen fühlen Sie sich so wohl wie ein Fisch im Wasser. Wie alle guten Gärtner halten Sie aber immer Augen und Ohren offen. Sie wissen: Es gibt immer einen Pflegetipp, den Sie vielleicht noch nicht kennen, oder einen Trick, der Ihnen die Gartenarbeit leichter machen könnte. Lassen Sie sich von diesem Buch inspirieren!

TYP B: Gartenlehrling oder Wie geht das bitte?

Sie wissen sich oft zu helfen, aber manchmal fehlt es Ihnen im Umgang mit Pflanzen noch an Routine und gärtnerischem Weitblick. Dafür besitzen Sie keinerlei Scheu, nachzufragen oder nachzulesen, wenn Sie sich einmal nicht auskennen. Das ist gut so – sind das doch die allerbesten Voraussetzungen für die Entwicklung eines durch und durch grünen Daumens. Blättern Sie also weiter! Sie lernen bestimmt dazu! Und das mit dem grünen Daumen kommt dann wie von alleine.

TYP C: Grün hinter den Ohren statt grüner Daumen

Sie sind das, was die Engländer so unvergleichlich treffend einen »Lehnstuhl-Gärtner« nennen: Sie blättern gern in Gartenzeitschriften und -büchern, unterhalten sich jederzeit interessiert über Pflanzen und schauen sich gern in Gärtnereien um. Ihre Hände sind dabei aber noch nicht sehr oft mit Erde in Berührung gekommen. Aber alles spricht dafür, dass die Zeit reif ist, von der grauen Theorie in die grüne Praxis überzutreten. Holen Sie sich in diesem Buch die richtigen Anstöße und Ihr Daumen wird sich unausweichlich grün färben. Es wird Ihnen Spaß machen!

Kleiner Saisonplaner

Wie überall im Leben gilt auch im Garten: Gutes Timing ist die halbe Miete! Obwohl Pflanzen Individualisten sind, gibt es eine Reihe gärtnerischer Handgriffe, Vorgänge und Rituale, die sich Jahr für Jahr wiederholen. Wenn Sie den kleinen Saisonplaner beherzigen, ersparen Sie sich später Aufräum- oder Schadensbegrenzungsarbeiten. Außerdem können Sie sich länger über blühende Pflanzen freuen.

Was tu ich wann?

Im Frühling

Im zeitigen Frühjahr, von Ende Februar bis Ende März, beginnt die große Zeit des Vorziehens auf der Fensterbank: Besäen Sie Anzuchtschalen mit Samen von Gemüse und/oder Sommerblumen (siehe Seite 128 f.).

Die Topfpflanzen, die draußen überwintert haben, bekommen jetzt gleich zwei Anwendungen: düngen Sie sie jetzt zum ersten Mal wieder und schneiden Sie sie zurück (z. B. Gräser, Stauden).

Im April, bevor die Wachstumsphase voll einsetzt, topfen Sie Ihre Topfpflanzen (auch die Zimmerpflanzen) um. Denen, die drinnen überwintert haben und die jetzt schon ziemlich nach Frischluft und mehr Licht lechzen, verpassen Sie einen kräftigen Frühjahrsrückschnitt. Das gilt z. B. für Pelargonien (Geranien) oder Fuchsien.

Blütenpflanzen, die den Sommer über auf Balkon, Terrasse oder Fensterbrett blühen sollen, stellen Sie sicherheitshalber nicht vor den Eisheiligen – sprich Mitte Mai – nach draußen. Nichts ist bitterer, als eine ganze Sommerblütenbepflanzung von einem einzigen späten Frost vernichtet zu sehen.

Im Zweifelsfall decken Sie die frisch bepflanzten Tröge, Töpfe oder Fensterkästen für die Nacht mit Schutzvlies ab.

Dasselbe gilt für kleine Gemüsepflanzen in Töpfen. Auch Ihre Zimmerpflanzen sollten ihren Outdoor-Sommerurlaub erst nach den Eisheiligen antreten.
Der Mai ist ein guter Zeitpunkt, um Ihren Rosen einen kräftigen Rückschnitt zu verpassen.
Ebenfalls zurückgeschnitten werden sollten frühjahrsblühende Sträucher wie die Forsythie – aber erst NACH der Blüte!
Die zweite Aprilhälfte und der Mai sind auch die große Zeit des Draußen-Säens (wenn Sie z. B. keine Zeit oder keinen Platz gehabt haben, drinnen Setzlinge vorzuziehen).
Solange es noch kühl ist, ist es ratsam, wenn Sie die frisch aufgegangene Saat nachts abdecken. Säen Sie jetzt alle einjährigen Sommerblüher (z. B. Kapuzinerkresse, Trichterwinde, Sonnenblume, Fleißiges Lieschen etc.) und setzen Sie die Knollen von Dahlien, Begonien oder Gladiolen.
Wenn Ihre Frühlingszwiebelpflanzen – Tulpen, Narzissen, Krokusse, Hyazinthen – verblüht sind und auch das Blattlaub abgetrocknet ist, nehmen Sie die Zwiebeln aus den Töpfen heraus und lagern sie bis zum Herbst kühl und trocken.
Die Töpfe können Sie gleich weiter einplanen: für die Sommerblüher.

Im Sommer

Jetzt ist regelmäßiges Gießen besonders wichtig: Gießen Sie am besten morgens.
Knipsen Sie verwelkte Blüten Ihrer Sommerblumen regelmäßig ab – das verlängert die Blütezeit und fördert, z. B. bei Rittersporn oder Staudenmargeriten, eine zweite Blüte. Besonders gut tut das Abschneiden verwelkter Blüten auch den meisten Rosensorten.
Stützen Sie spätestens im Frühsommer Ihre hochwachsenden Stauden mit Stützestäben oder Rankhilfen, ebenso Tomaten, Gurken oder einjährige Kletterpflanzen wie Trichterwinde oder Feuerbohne.
Es sind nur ein paar Handgriffe, aber Ihren Pflanzen ist geholfen: Entfernen Sie das Unkraut aus den Töpfen und düngen Sie regelmäßig.

Achten Sie jetzt, da es heiß ist, besonders auf das Auftreten von Schädlingen und Krankheiten!
Planen Sie rechtzeitig für Ihren Urlaub vor: Haben Sie einen Pflanzen-Babysitter oder denken Sie über automatische Gießsysteme für Balkon, Terrasse und Balkonkasten nach?
August ist die Zeit der Ernte – ernten Sie reifes Gemüse und Beeren. Das Schöne ist: Jetzt haben Sie Gemüse zum Kochen und Schnittblumen für die Vase frei Haus!

Im Herbst

Ende September setzen Sie die ersten Blumenzwiebeln fürs nächste Jahr, nämlich Narzissen. Im Oktober und November folgen Tulpen und andere Zwiebelpflanzen. Im Gegenzug nehmen Sie die Knollen von Dahlien, Gladiolen oder Knollenbegonien nach der Blüte aus ihren Töpfen heraus. Lagern Sie sie über den Winter dunkel und trocken.
Mehrjährige Topfpflanzen düngen und gießen Sie jetzt weniger als im Sommer.
Im Herbst ist auch die Zeit, wurzelnackte Pflanzen wie Rosen und andere Sträucher zu setzen.
Mitte Oktober ist ein guter Zeitpunkt, um Ihre Balkonkästen für den Winter ein wenig hübsch zu machen: Bepflanzen Sie sie z. B. mit Gräsern, Chrysanthemen, Erika oder kleinen, winterharten Gehölzen.
Vor dem ersten Frost müssen Sie unbedingt Ihre empfindlichen Topfpflanzen hinein in das Winterquartier holen: Generell gilt: Geben Sie Ihnen wenn möglich helle, kühle Überwinterungsstandorte (siehe Seite 108). Was an Töpfen draußen bleibt, muss frosthart sein – und zwar Topf und Pflanze.
Im Zweifelsfall packen Sie die Töpfe gut für den Winter ein.
Auch Ihre Zimmerpflanzen wandern natürlich wieder hinein, bevor die ersten Nachtfröste sie dahinraffen können.

Im Winter

Der Winter ist die Zeit gärtnerischer Systemerhaltungsarbeiten: Nutzen Sie die Zeit, um Ihre Gartengeräte einmal wirklich ordentlich zu reinigen, ihre Klingen zu schärfen und alte Tontöpfe für die nächste Frühjahrsbepflanzung auszuschrubben.

Wenn's schneit: So schön eine dicke Schneedecke auf Balkon- und Terrassensträuchern auch aussieht – schütteln Sie sie so rasch wie möglich herunter oder kehren Sie sie mit einem Besen ab, weil die Äste unter dem Gewicht des Schnees leicht brechen können.

Tipp für Blüten im Winter: Auf der Fensterbank in Töpfen gezogen blühen Narzissen und Tulpen auch im Winter.

Endlich haben Sie Zeit zum Durchblättern von Pflanzen-Katalogen und zum Bestellen von Samenpäckchen und Pflanzen für Frühjahr und Sommer!

Was an Sträuchern oder Kletterpflanzen im Sommer blüht (z. B. viele Clematissorten, Sommerflieder), gehört in den letzten Winterwochen – sprich Ende Februar, Anfang März – an frostfreien Tagen zurückgeschnitten.

Ab Ende Februar können Sie schon die ersten Minigewächshäuser für selbst gezogene Sommerblumen und Gemüse anlegen (siehe Seite 128).

Denken Sie an die Vögel: Streuen Sie Ihnen Futter aus!

Behalten Sie Ihre Zimmerpflanzen im Auge: Viele von ihnen – vor allem die Exoten – wachsen und blühen jetzt.

Düngen Sie sie in dieser Zeit regelmäßig. Damit lassen Sie auch Schädlingen oder Krankheiten weniger Chancen.

Zu verschenken

Die natürliche Begeisterungsfähigkeit der meisten Gärtner führt dazu, dass sie im Sommer oft sehr viel mehr Topfpflanzen auf ihre Terrasse stellen, als sie im Winter drinnen unterbringen können. Der Pflanzen-Sammeltrieb hat Suchtcharakter, und der Winter scheint meilenweit entfernt – bis er da ist. Daher setzt im Spätherbst das große Pflanzen-Abstoßen ein. Werfen Sie einen Blick in die „Zu Verschenken"-Rubriken in Tageszeitungen und im Internet. Zu keiner anderen Jahreszeit bekommen Sie so viele wunderbare Topfpflanzen geschenkt.

Gartenschere
Handschaufel
Spaten
Bambusstab
plaktikverkleideter Draht
Schere
Handschuhe
Gärtnerbast
Gartenkralle
Fugenreiniger
Plastiktüte
Besen
Gießkanne
Schlauchwagen
Taschenmesser
Gummi-Galoschen

Grundwissen

Wer ein wahrer Gärtner werden will, legt Wert auf seine Ausrüstung. Denn mit geeignetem Werkzeug erleichtern Sie sich die Arbeit beträchtlich. Ein Riesensortiment an Gartengeräten ist aber nicht notwendig: Legen Sie sich lieber wenige, wichtige Dinge zu, die dann allerdings von guter Qualität sein sollten und stets gut gepflegt sein wollen.

Achten Sie beim Einkauf auf Markenqualität. Die Devise lautet: Gartengeräte sollten aus rostfreiem Edelstahl oder aus einer Kupferlegierung bestehen. Was allzu billig ist, gibt erfahrungsgemäß auch schnell den Geist auf.

Werkzeugkasten

Ohne eine gute **Gartenschere** geht gar nichts. Wenn Sie hier sparen, werden Sie es bald bitter bereuen. Eine Gartenschere muss stabil sein und gut in der Hand liegen. Im Idealfall schneidet sie nicht nur weiche Stängel, sondern auch dünnere Äste von ein, zwei Zentimetern Durchmesser und besitzt eine Arretierung, damit sie geschlossen bleibt, wenn man sie gerade nicht verwendet. Sie wollen sich ja nicht an den offenen Schnittflächen verletzen, wenn Sie eilig in einer Tasche nach ihr kramen. Wichtig ist, dass Ihre Gartenschere scharf ist: Stumpfe Scheren quetschen und verletzen weiche Blumenstängel mehr, als dass sie sie schneiden. Das kann dazu führen, dass die Pflanze an der Schnittstelle leichter fault bzw. vertrocknet, weil die Kanäle, durch die sie Wasser und Nährstoffe aufnehmen kann, verstopft sind.

Kupfer tut gut!
Gartengeräte aus Kupfer tun dem Boden gut – sie geben Spurenelemente ab, das Material ist weicher und kann daher schärfer gekantet werden: das erleichtert die Gartenarbeit. Außerdem wiegen sie sehr viel weniger als Eisengeräte, und sie rosten nicht.

Zur Grundausstattung für den Balkongärtner gehören außerdem ein, zwei kleine **Handschaufeln** mit stabilem Holz- oder Plastikgriff, eine drei- oder vierzackige **Gartenkralle** zum Aufgraben der Erde und zum Jäten, ein kleines Multifunktions-**Taschenmesser** mit verschiedenen Klingen und – eventuell – eine kleine Säge. Zum Abschneiden von Blüten bewährt sich eine gute **Haushaltsschere**. Wer größere Erdmengen zu bewegen hat, wird außerdem einen guten kleinen Spaten zu schätzen wissen.

Ein äußerst nützliches Gerät ist auch der **Fugenreiniger**: Er eignet sich hervorragend, um Spalten zwischen Terrassen- und Balkonfliesen, in denen sich oft unerwünschtes Unkraut ansiedelt, zu reinigen. Er besteht aus einem kurzen Griff, an dem eine gebogene Klinge befestigt ist, die man einfach durch die Fugen zieht und so das Unkraut samt Wurzelwerk herauszupft.

Balkongärtner kommen in der Regel mit einer großen **Gießkanne** über die Runden. Nehmen Sie eine leichtgewichtige Plastikgießkanne von maximal 10 Litern Füllvolumen. Alles, was noch größer ist, führt nur zu nutzloser Schlepperei. Gehen Sie lieber einmal öfter zwischen Badezimmerwasserhahn und Balkon hin und her, als sich mit einer gigantisch schweren Riesenkanne einen Bruch zu heben. Für Zimmerpflanzen bewähren sich kleinere 2-bis-3-Liter-Modelle. Wichtig ist, dass die Gießkanne am Ausguss einen abnehmbaren Aufsatz besitzt, damit Sie den Gießstrahl variieren können.

Glücklich sind die, die auf Balkon oder Terrasse über einen eigenen Wasseranschluss für einen **Gartenschlauch** verfügen. Ein **Schlauchwagen** mit einer Trommel, auf der man den Gartenschlauch nach Gebrauch ordentlich und ohne Knicke aufrollen kann, bewährt sich sehr. Wenn Sie den Schlauch nämlich einfach so herumliegen lassen, müssen Sie ihn bei jedem Gießen mühsam entwirren und von Knicken befreien, die die Wasserzufuhr unterbrechen. Das ist mühsam und ärgerlich und tut dem Schlauch nicht gut.

Gartenarbeit ohne **Handschuhe** bezahlen Sie teuer mit kleinen Hautverletzungen, unappetitlichen schwarzen Erdrändern unter den Fingernägeln und rauer Haut. Wenn Sie Ihre Maniküre also nicht auf einen Schlag zunichte machen wollen, ziehen Sie sich Handschuhe an. Am besten sind dünne Baumwollmodelle mit verstärkter, rutschfester Innenseite, die es in jedem Gartencenter in großer Auswahl für ein paar Euro zu kaufen gibt. Vermeiden Sie unbedingt dünne, eng anliegende Plastikmodelle, die garantiert zu Schweißhänden und Badewannen-Kräuselfingerspitzen führen!

Zur Grundausstattung gehören auch plastikverkleideter **Draht, Gärtnerbast und -schnur**. Sie werden feststellen, dass es praktisch ständig irgendetwas aufzubinden, anzubinden oder zu befestigen gilt.

Außerdem brauchen Sie natürlich noch Stäbe als Pflanzenstützen und Rankhilfen. Die besten Rankhilfen sind immer noch **Bambusstäbe**, die es in allen Längen und Stärken in Gartencentern oder Baumärkten zu kaufen gibt. Eigentlich können Sie nie genug Bambusstäbe haben. Sie sind stabil, haltbar und formschön und äußerst vielseitig einsetzbar: Als Rankhilfe, zum In-der-Erde-Stochern, zum Regenwurm-Aufheben, Befestigen von Etiketten oder – kreuz und quer durcheinandergesteckt – als biologische Katzenklo-Vereitlungsinstrumente.

Selfmade-Freunde können selbstverständlich auch zu Selbstgeschnittenem wie Haselnussstecken und Weidenruten greifen. Von beiden heißt es, sie seien die besten natürlichen Rankgerüste für Kletterblumen wie Wicken, Winden oder Ka-

Wenn Sie dazu neigen, Ihren Balkon oder die Terrasse mit Töpfen sehr voll zu stellen, ist es von Vorteil, mit einem **Gießstab** zu arbeiten, mit dem Sie auch in weiter entfernt stehende Töpfe punktgenau hineingießen können.

puzinerkresse. Doch aufgepasst: Noch besser sind Birkenruten. Sie sind um einiges biegsamer als Haselnuss-Stecken und treiben nicht so leicht aus wie Weidenruten. Sie haben also die Wahl!

Ein äußerst wichtiges und gemeinhin unterschätztes Gartengerät für Balkon- und Terrassengärtner ist der **Besen**. Erstens fallen praktisch pausenlos Blätter oder Blüten auf den Boden, zweitens müssen nach Umtopf- und Pflanzarbeiten Erdreste aufgekehrt werden. Ein guter Besen ist möglichst langstielig, damit Sie sich bei all dem Buckeln und Beugen Kreuzschmerzen ersparen, und besitzt harte, widerstandsfähige Borsten z. B. aus Palmyra-Palmfasern. Mit einem solchen Besen kann nicht nur feuchtes Laub, sondern im Winter auch Schnee gekehrt werden. Hinzu kommen ein guter **Handfeger** und ein **Kehrblech**.

Beim Gärtnern fällt viel Biomüll an, der, bis er entsorgt wird, irgendwo gesammelt werden muss. Spätestens wenn Ihnen zum ersten Mal ein vom Balkon Richtung Wohnungsausgang geschleppter Biomüll-Sack mitten auf dem Wohnzimmerteppich aufgeplatzt ist, werden Sie wissen, wie wesentlich dieses Thema ist. Damit das nicht passiert, greifen Sie am besten zu den großen **Plastik-Einkaufstaschen**, die man bei Einrichtungshäusern wie Ikea bekommt. Sie sind ungeheuer widerstandsfähig, besitzen verstärkte Tragegurte, halten viel Gewicht aus und können bei Wind und Wetter draußen stehen bleiben. Ein kleiner Tipp: Packen Sie die Taschen nicht zu voll mit Erd- und Pflanzenresten. Sie werden mörderisch schwer und unhandlich. Die Säcke haben noch einen Vorteil: Man kann auch gleich den ganzen Küchen-Biomüll – von Gurken- bis Zwiebelschalen – dazugeben.

Metallstäbe und -spiralen als Rankhilfen für Kletterpflanzen oder Stützen für Tomaten sind sehr in Mode. Sie werden allerdings feststellen, dass sie nicht sehr praktisch sind, weil ihre glatte Oberfläche wenig Halt bietet. Einmal ganz abgesehen davon, dass sie unverhältnismäßig teuer sind.

Mit Gummistiefeln, dem Standardschuhwerk des Gärtners, sind Sie als Balkon- und Terrassengärtner slightly overdressed. **Gummi-Galoschen** tun es auch. Diese sind aus Vollplastik und hinten so abgeflacht, dass Sie im Zweifelsfall sogar mit Ihren normalen Straßenschuhen reinschlüpfen können. Kaufen Sie sie ruhig ein, zwei Nummern zu groß.

Schick werden Sie damit nie aussehen, dafür bleiben Ihre Füße bei der Gartenarbeit trocken und sauber.

Sammeln und Aufbewahren

Ein bisschen Pflege hält Gartengeräte in Schuss.
Wenn Sie Ihr Werkzeug nach Gebrauch einfach erdverklebt und nass in ein Eck schleudern, bleibt es nicht lange voll einsatzfähig. Daher gilt: Erde und Pflanzenrückstände werden immer gleich abgewaschen, die Werkzeugflächen und -klingen mit einem weichen Tuch trocken gerieben. Das gilt besonders für die Klingen von Gartenscheren und -messern, damit sie scharf bleiben.
Es kann nicht schaden, wenn Sie Ihre Gartengerätschaften immer am selben Platz aufbewahren. Auch in Ermangelung eines Geräteschuppens können Sie ein wenig Ordnung halten. Nichts ist mühseliger als erst eine Viertelstunde suchen zu müssen, bis Sie Ihre Gartenschere gefunden haben.

Tontöpfe, die Sie nicht in Gebrauch haben, stapeln Sie locker ineinander und legen sie auf die Seite. Niemals Töpfe stehend stapeln, weil Temperaturänderungen und Feuchtigkeitsschwankungen dazu führen können, dass die Töpfe sich leicht ausdehnen und dann so fest ineinanderstecken, dass Sie sie zerbrechen müssen, um sie voneinander zu lösen.

Papier statt Plastik: Samen – egal, ob selbst gesammelt oder gekauft – dürfen Sie niemals in Plastiksäckchen aufbewahren: Diese halten die Feuchtigkeit und fördern so das Faulen oder Schimmeln der Samen. Am besten sind kleine Papiertütchen. Gekaufte Samen haben zumeist auf Ihren Päckchen ein Ablaufdatum eingestanzt. Wenn Sie es zu sehr überschreiten, wächst das Risiko, dass nur mehr wenige Samen aufgehen und die Sämlinge sich nur schwach entwickeln.

Prinzipiell bewahren Sie Samen an einem dunklen und trockenen Platz auf. Dasselbe gilt auch für die Zwiebeln von Tulpen, Narzissen oder Hyazinthen. Sie nehmen sie nach der Blüte und dem Abtrocknen der Blätter aus der Erde und

Wenn Ihnen auch Gummi-Galoschen overdressed vorkommen: ein paar alte **Turnschuhe** tun es auch.

Die Garten-Queen

Der Fotoapparat

Lachen Sie nicht: Ein entscheidendes Gärtnerwerkzeug ist der Fotoapparat. Fotoapparat? Ja, sicher! Machen Sie sich keine Illusionen: Wer sich mit dem Gärtnervirus angesteckt hat, der infiziert sich auch über kurz oder lang mit dem Pflanzen-Fotografier-Drang. Einige Ihrer nicht gärtnernden Freunde werden zwar nur mühsam das Gähnen unterdrücken, wenn Sie sie mit Ihren Blumenfotos behelligen. Andererseits: Sie selbst werden das in Ihrer Euphorie angesichts einer voll erblühten, auf Bild gebannten Königslilienblüte gar nicht bemerken, und alle Gleichgesinnten in Ihrer Umgebung werden ihre helle Freude haben. Langfristig dienen Ihre Fotos außerdem als Dokumentation Ihres Fortkommens als Gartenlehrling und des Werdens Ihres Balkongartens über die Jahre.

lassen sie ein bisschen trocknen, bevor Sie sie in Einzellagen locker lagern. Gut eignen sich dafür z. B. mit Zeitungspapier ausgelegte Obststeigen aus Holz.

Pflanzenetiketten

Die Erfahrung lehrt, dass Sie schon nach ein paar Wochen vergessen haben, was Sie in welchen Topf gesät und welche Pflanze Sie wohin gepflanzt haben. Was was ist, ist nicht immer so klar und augenfällig, wie Sie vielleicht glauben. Deshalb etikettieren Sie Ihre Pflanzungen am besten gleich von Anfang an in unmissverständlicher Weise.
Dazu gibt es verschiedene Möglichkeiten:
Bei Samenpäckchen ist es leicht. Sie spießen einfach das leere Samenpäckchen auf einen kurzen, dünnen Bambusstab, klammern es mit einem Tacker oben und unten eng neben dem Stab fest und stecken es in den Topf, in den Sie die Samen gesät haben.
Eine andere Möglichkeit sind Namensschilder aus Plastik, wie es sie in jedem Gartencenter zu kaufen gibt. Dabei handelt es sich um unten zugespitzte, weiße Hartplastikstreifen, die man in die Erde steckt. Die Billigvariante dieser Technik sind Pflanzetiketten aus in Streifen geschnittenen Joghurt-Bechern.
Sie können die Etiketten natürlich mit einem wasserfesten Stift beschriften – wenn Sie gerade einen zur Hand haben. Das beste Werkzeug, um das Plastiknamensschild einer frisch gesetzten Pflanze zu beschriften, ist aber immer noch der gute, alte Bleistift. Egal, was die Leute erzählen: Alle anderen Stifte verschmieren, verschwimmen oder verschwinden mit der Zeit. Bleistiftbeschriftungen sind im Verhältnis dazu noch am dauerhaftesten. Im Zweifelsfall können Sie die Beschriftung dadurch haltbarer machen, dass Sie einen transparenten Klebestreifen darüberkleben.

Bleibt die Frage: Was muss auf einem Pflanzenetikett stehen? Die Mindestbeschriftung besteht aus dem Pflanzennamen auf Deutsch und auf Lateinisch und dem Pflanzdatum.

Lesen von Pflanzenetiketten

Die meisten Gartencenter verkaufen Pflanzen gleich mitsamt ausführlichem Etikett. Darauf steht normalerweise alles, was Sie wissen müssen. Zögern Sie nicht, einen Mitarbeiter zu fragen, falls Sie etwas nicht verstehen. Schließlich ist noch kein Experte vom Himmel gefallen.

Grundsätzlich finden Sie folgende Angaben auf Pflanzenetiketten; die dazugehörigen Symbole finden Sie auf der rechten Seite:

Pflanzenetiketten verzeichnen normalerweise den **Namen** einer Pflanze auf Deutsch und ihren botanischen Namen in lateinischer Form. z.B. Rittersporn, *Delphinium.* Verkauft werden spezielle Sorten, deren Namen an den Gattungsnamen angehängt wird; z.B. *Delphinium* 'Berghimmel'. Dazu kommt manchmal noch der Name der Pflanzenfamilie, zu der eine Gattung gehört. Im Fall der Gattung Rittersporn wäre das die Familie Ranunculaceae, auf Deutsch Hahnenfußgewächs.

Standortpräferenzen einer Pflanze werden mit sonnig, halbschattig, schattig angegeben.

Die **Wuchshöhe** einer Pflanze wird zumeist in Zentimetern angegeben. Die **Blütezeit** einer Pflanze wird in der Regel in römischen Ziffern angegeben: V–VI bedeutet z.B., dass die Blütezeit zwischen Mai und Juni liegt. Die **Blütenfarbe** wird entweder in Worten (blau, weiß, rot etc.) oder mit entsprechenden Farbsymbolen gekennzeichnet. Über die **Frosthärte** einer Pflanze, also über die Temperatur, bis zu der sie ungeschützt draußen verbleiben kann, geben Kristall-Symbole Auskunft. Ein Kristall mit Dach darüber bedeutet **nicht frosthart**, die Pflanze kann bei Temperaturen unter 5°C Schaden nehmen. Üblicherweise folgt diesem Symbol eine Angabe der Mindesttemperatur, die die Pflanze für gutes Gedeihen braucht. Ein Kristall bedeutet **bedingt frosthart**, die Pflanze erträgt Temperaturen bis 0°C. Zwei Kristalle bedeuten **frosthart**, die Pflanze erträgt Temperaturen bis –5°C. Drei Kristalle bedeuten **voll frosthart**, die Pflanze erträgt Temperaturen bis unter –15°C. In unseren Breitengraden können solche Pflanzen getrost auch im Winter im Topf draußen bleiben.

PFLANZENNAME
Name der Pflanze auf Deutsch, ihr botanischer Name in lateinischer Form. Ggf. folgt Sorten- und Familienname.

BLÜTEZEIT
Angabe erfolgt in römischen Ziffern.

STANDORT
sonnig, halbschattig, schattig

WUCHSHÖHE
Die Angabe erfolgt zumeist in cm.

BLÜTENFARBE
Die Angabe erfolgt in Worten oder mit einem Farbsymbol.

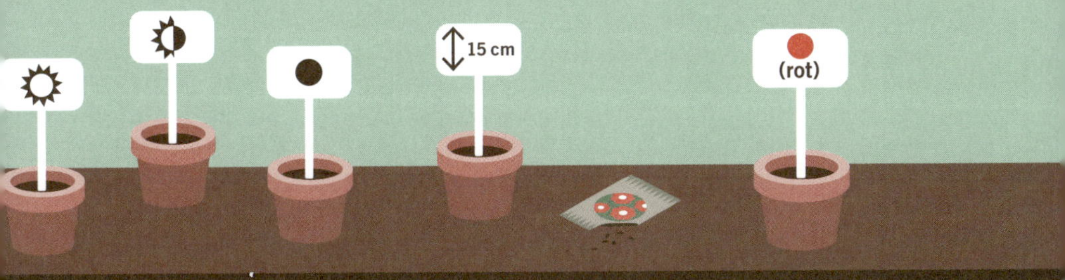

FROSTHÄRTE
Dieses Symbol gibt Auskunft über die Frosthärte einer Pflanze, gibt also die Temperatur an, bis zu der sie ungeschützt draußen verbleiben kann.

nicht frosthart — bedingt frosthart — frosthart — voll frosthart

Kleines Begriffslexikon für Gärtner

Ausgeizen? Pikieren? Wurzelnackt? Wie jede Subkultur hat auch die Gärtnerei ihren eigenen Soziolekt, den Uneingeweihte bisweilen nur mit Mühe verstehen.

Eine besonders wunderliche gärtnerische Eigenart ist es etwa, Pflanzen nur bei deren lateinischen Namen zu nennen. Garteneinsteiger fühlen sich deswegen unter erfahrenen Gärtnern manchmal wie im sprichwörtlichen spanischen Dorf.
Hier gilt: Haben Sie keine Angst: Fragen Sie nach! Gärtner sind freundliche Menschen. Und mit Geduld und Zeit kommt sowieso auch bei Ihnen der Durchblick: In ein paar Jahren können Sie dann selbst ganz genüsslich Sätze wie „Das *Delphinium cardinale* setzt gerade zum Krepieren an, weil Wurzeln und Schatten der *Betula pendula* es ersticken!" von sich geben.
Als Basiswortschatz genügen aber zumeist einige wenige Begriffe, denen man regelmäßig begegnet und deren Kenntnis sehr hilfreich ist:

Einjährige, Zweijährige, Mehrjährige

Auf Samenpäckchen, Pflanzenetiketten und in Gartenbüchern liest man oft die Vermerke „einjährig", „zweijährig" oder „mehrjährig".
Einjährige sind Pflanzen, die innerhalb einer Wachstumsperiode – grob gesprochen von April bis Oktober – keimen, wachsen, blühen, Samen ausbilden und absterben. Sie versprechen raschen gärtnerischen Erfolg. Dekorative Einjährige, die sich besonders leicht und schnell aus Samen ziehen lassen,

sind z. B. Ringelblume, Kapuzinerkresse, Klatschmohn, Trichterwinde, Studentenblume, Jungfer-im-Grünen oder Schmuckkörbchen.

Zweijährige beschränken sich im ersten Jahr darauf, zu wachsen und zu reifen. Blüte und Samenbildung findet erst im zweiten Jahr statt. Vertreter sind z. B. Fingerhut, Stockrose oder auch Petersilie. Verkauft werden sie zumeist in ihrem zweiten Jahr – trotzdem lohnt es sich nachzufragen. Andernfalls sind Sie vielleicht enttäuscht, weil die Zweijährigen nicht gleich in ihrer ersten Saison bei Ihnen Blüten ansetzen. Sie könnten sogar auf die Idee kommen, sie im Herbst wegzuwerfen, weil Sie ihnen fälschlicherweise Blühfaulheit vorwerfen.

Als Mehrjährige bezeichnet man alle Pflanzen, die mindestens drei Jahre gedeihen. Sie werden auch „ausdauernde" Pflanzen genannt. Beispielsweise sind das Pfingstrosen, Taglilien und Lilien, Iris, Astern, Nelken, Rittersporn oder Storchschnabel.

Wurzelnackt

Wurzelnackte Pflanzen sind holzige Sträucher oder Stauden, die nicht mit einem Erdballen, sondern ohne Erde an den Wurzeln verkauft werden. Zu diesem Zweck werden sie in ihrer Ruhephase – sprich, wenn sie keine Zeichen von Wachstum zeigen – ausgegraben. Rosen werden häufig wurzelnackt verkauft.

Ausgeizen

Beim Ausgeizen entfernt man die Spitze des Haupttriebs einer Pflanze, um eine stärkere Verzweigung zu fördern. Dasselbe kann man auch bei Seitentrieben machen, wobei die so genannten Achseltriebe ausgebrochen werden. Tomatenpflanzen tut das Ausgeizen überflüssiger Triebe äußerst gut.

Tomatenpflanzen tut das **Ausgeizen** überflüssiger Triebe äußerst gut.

Pikieren

Unter Pikieren versteht man das Vereinzeln von aus Samen gezogenen, kleinen Pflänzchen. Zumeist stehen sie nach

Manche **Blumensamen sind so winzig**, dass man sie kaum mit den Fingern aufgreifen und in Töpfe säen kann. Ein kleiner Trick hilft: Man befeuchtet einfach ein spitz zulaufendes Holzstäbchen mit Wasser. Taucht man es dann in die auf die gekrümmte Handinnenfläche geschütteten Samen, bleiben diese haften und können dort in der Erde vom Stäbchen abgestreift werden, wo sie hingehören.

dem Keimen viel zu dicht und müssen daher, sobald sie ein, zwei Blätter gebildet haben, auseinandergesetzt werden. Die Sämlinge sind sehr zart und empfindlich. Fürs Pikieren braucht es deshalb auch ein bisschen Fingerspitzengefühl. Am besten geht es mit einem Pikierbesteck aus Kunststoff, das aus einer Art zweizackiger Gabel und einem spitz zulaufenden, leicht kegelförmigen Stab besteht. Sie können es aber genauso gut mit einer Plastikgabel und einem dünnen Bambusstäbchen machen. Mit deren Hilfe heben Sie die Pflänzchen vorsichtig so aus der Erde, dass ihre feinen Wurzeln nicht verletzt werden.

Torfquelltöpfchen

Für das Vorziehen von Blumen und Gemüsepflanzen aus Samen in der Wohnung eignen sich Quelltöpfchen besonders gut. Sie sind nichts anderes als eine in Talerform gepresste, außen mit einem feinmaschigen Vlies überzogene Torf-Kalk-Nährstoffmischung. Sie legen die Taler nebeneinander in ein Plastikgefäß (die eigens dafür gedachten sehen aus wie grüne Schwedenbomben-Packungen), gießen langsam mit warmem Wasser auf und lassen sie zu 5 bis 7 Zentimeter hohen Zylindern aufquellen, in die Sie oben ein bis zwei Samen hineindrücken. Die gekeimten Sämlinge kann man später – sobald die Wurzeln durch das Maschenvlies herausschauen – gleich mitsamt dem Quelltöpfchen in größere Gefäße umsetzen und nach den Eisheiligen nach draußen übersiedeln.

Kalter Fuß

Wenn Sie irgendwo in einer Pflegeanleitung lesen sollten, dass eine Pflanze einen „kalten Fuß“ brauche, dann handelt es sich dabei nicht etwa um die Aufforderung, ihr mit roher Kickbox-Gewalt zu begegnen. Es bedeutet vielmehr, dass Sie den Wurzelbereich dieser Pflanze beschatten sollten. Typische Vertreter der „Kalten-Fuß“-Fraktion sind ursprüngliche Waldbewohner wie z. B. Clematis oder manche Lilien.
(Siehe Seite 45).

Die Garten-Queen

Gartennotizen

Ein Gartentagebuch funktioniert ein bisschen wie ein Gästebuch. Sie schreiben damit die Biografie Ihrer Pflanzen. Außerdem können Sie unter Umständen auch Ihre gärtnerischen Erfolge erhöhen: Wenn Ihre Aufzeichnungen vermerken, dass Ihnen im Vorjahr viele Pflanzen erfroren sind, weil Sie sie zu früh aus Ihrem Winterquartier hinausgestellt haben, werden Sie dieses Jahr vielleicht etwas länger warten. Notieren Sie, was Sie wann und wo gepflanzt haben. Auf diese Art haben Sie Kontrolle darüber, welche Pflanzen in Ihren Töpfen gut gedeihen und welche nicht. Außerdem ist es im Jahresrückblick interessant zu wissen, wann eine Pflanze in diesem und wann im letzten Jahr geblüht hat. Mit der Zeit liefern Ihnen Ihre Notizen eine Art privaten Bauernkalender.

2 Pflanzenkunde

Welche Pflanzen Sie kaufen, hängt davon ab, was Sie in Ihrem Topfgarten anstellen wollen. Nur: Woher sollen Sie wissen, was Sie wollen und was für Sie geeignet ist, wenn Sie im Gartencenter vor einer unübersehbaren Auswahl an Topfpflanzen, Setzlingen und Samenpäckchen stehen? Hier erfahren Sie, was zu tun ist.

Tipps fürs Einkaufen

Es ist weniger kompliziert, als es auf den ersten Blick aussieht. Erstens einmal: Kaufen Sie, was Ihnen gefällt. Damit es auch gedeiht, bekommen Sie in diesem Kapitel ein paar Entscheidungshilfen, Tipps fürs richtige Einkaufen und eine Liste mit gängigen, schönen und unkomplizierten Pflanzen für die erfolgreiche Topfgärtnerei drinnen und draußen.

Verlassen Sie sich beim Topfpflanzen-Einkauf auf Ihren Verstand: Eine Pflanze, die auf den ersten Blick schwächlich aussieht, ist es auch. Aus einem hässlichen Entlein wird selten und nur unter Aufbietung größter gärtnerischer Mühe ein schöner Blüten-Schwan. Entscheiden Sie sich also gleich für kräftige, üppig grüne Pflanzen. Außerdem gilt es, zwei kleine Warnhinweise zu beachten: Wenn sich oben auf der Topferde schon Moos und Unkräuter breitmachen, können Sie davon ausgehen, dass die Pflanze bereits zu lange in ihrem Topf auf einen Käufer gewartet hat. Sie sitzt dann entweder schon total im Topf fest oder hat alle Nährstoffe in der Erde längst aufgebraucht. Finger weg! Zweitens: Ziehen Sie den Wurzelballen aus dem Topf. Ist die Außenseite des Ballens schon über und über von Wurzeln durchzogen, können Sie davon ausgehen, dass die Pflanze in ihrem neuen Topf weniger schnell anwachsen wird als eine, die noch keinen komplett durchwurzelten Ballen hat.

In jedem Fall gilt: Wenn Sie im Gartencenter eine Topfpflan-

Achtung Gift
Wo Kinder sind, ist es klüger auf einige Pflanzen, die zu den Hochgiftigen zählen, zu verzichten, so z. B. Maiglöckchen, Fingerhut, Engelstrompete, Eisenhut. Letztere ist die giftigste Pflanze Europas!

Kaufen Sie, was Ihnen gefällt!

ze kaufen, ist es immer günstig, die oberste Erdschicht (auf ungefähr 2,5 cm Tiefe) zu entfernen. In dieser Schicht sitzen meistens Unkraut-Samen, die Sie zu Hause nicht brauchen können. Heben Sie die Schicht einfach ab und ersetzen Sie sie durch frische Erde.

Neu gekaufte Zimmer- und Topfpflanzen haben oft ziemlich ausgetrocknete Wurzelballen. Bevor Sie sie zu Hause umsetzen, bewährt es sich, sie aus ihrem Topf herauszuziehen und mit nacktem Wurzelballen ein, zwei Stunden in ein Wasserbad zu stecken. So können sich die Wurzeln einmal ordentlich mit Wasser vollsaugen.

Wenn Sie Samenpäckchen kaufen, achten Sie auf das eingestanzte Ablaufdatum, bei vorgezogenen Setzlingen nehmen Sie immer die, die am kräftigsten und gesündesten aussehen. Dabei können Sie sich vollkommen auf Ihren gesunden Menschenverstand verlassen!

Eine Auswahl von A bis Z:

Symbolerklärung:

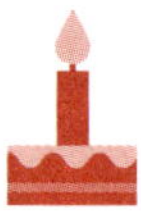
Einjährige Pflanze

Zweijährige Pflanze

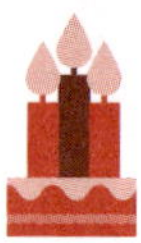
Mehrjährige Pflanze

Strauch

B T F Z V

Verwendung:
Balkon, Terrasse, Fensterbank, Zimmer, gute Vasenblume

Besonders gut für Anfänger geeignet

Kletterpflanze

Leicht giftig!

Giftig!

Langblüher

Alpenveilchen oder Zyklame, *Cyclamen persicum*

Wie Usambara-Veilchen sind Zyklamen als Zimmerpflanzen allgegenwärtige Dauerbrenner. Zyklamen heißen auch Alpenveilchen, was auf ihre vage optische Verwandtschaft mit Veilchen hinweist. Wie diese besitzen sie herzförmige Blätter, die im Fall der Zyklamen häufig marmoriert sind, und an langen Stielen sitzende Blüten. Die Blütenblätter sind in eigenwilliger Weise nach oben gebogen und verdreht. Es gibt Dutzende Sorten, von denen einige kaum fünf Zentimeter groß sind, andere richtiggehend protzig und bis zu 35 Zentimeter hoch. Geben Sie Ihrer Zyklame ein helles, aber nicht voll sonniges, eher kühles Plätzchen und halten Sie sie nach der Blütezeit in ihrer Ruhephase trocken.

STANDORT: SONNIG–HALBSCHATTIG, HÖHE: 5–35 cm, BLÜTEZEIT: XII–III

Amaryllis oder Ritterstern, *Hippeastrum*

Amaryllis und ihre Verwandten, die Clivien, gehören zu den unkompliziertesten Zimmerpflanzen. Ihre riesigen Trichterblüten entwickeln sich aus einer Dolde ganz oben an einem dicken Röhrenstängel. Außerdem lassen sie sich ganz leicht vermehren. Sie trennen einfach beim Umtopfen kleine Brutzwiebeln von der Zwiebel der Mutterpflanze ab und setzen sie in eigene Töpfe. Amaryllis-Zwiebel können Sie übrigens auch in eigenen Vasen ganz ohne Erde nur mit Wasser zum Blühen bringen.

STANDORT: SONNIG–HALBSCHATTIG, HÖHE: 50–60 cm, BLÜTEZEIT: I–III

Anemone, *Anemone coronaria*

Anemonen wachsen aus walnussgroßen Knollen, die so knorrig und verschrumpelt sind, dass es schwerfällt, sich vorzustellen, wie daraus anmutige weiße, rosa, rote oder blau-lila Einzelblüten mit fiedrigen Grund- und Stängelblättern entstehen sollen. Die wild wachsenden Verwandten der Gartenanemonen sind die zarten Buschwindröschen, die in Frühlingswäldern weiße Blütenteppiche bilden. Die Gartenanemone ist demgegenüber größer und robuste. Ihre Blüten sind schalenförmig mit auffallenden schwarzen oder gelben Staubgefäßen und besitzen einen Durchmesser von vier und sechs Zentimetern. Die Anemonen-Knollen setzen Sie wie die von Tulpen oder Narzissen bereits im Herbst in Töpfe. Die Blüte folgt im Frühjahr ab März.

STANDORT: HALBSCHATTIG, HÖHE: 20–40 cm, BLÜTEZEIT: III-V

Aster, *Aster*

B T V

Die Astern sind eine große Pflanzenfamilie. Wenn Sie sich auf Sorten einschwören, die erst im Spätsommer zu blühen beginnen, können Sie sich bis weit in den Herbst hinein an den dichten Schirmrispen mit den vielen kleinen margeritenartigen Blütenbüscheln in allen Farbtönen von Weiß über Rosa bis zu Lila und Violett freuen. Viele Asternstauden werden über einen Meter hoch. Sie brauchen also einen größeren Topf und gehören im Spätherbst nach der Blüte zurückgeschnitten. Als Schnittblumen sorgen Astern in Gartenblumensträußen für Volumen.

STANDORT: SONNIG, HÖHE: BIS 120 cm, BLÜTEZEIT: VIII–X

Azalee, *Rhododendron*

Z

Als kleinwüchsige, winterblühende Zimmerpflanzen bringen Azaleen ordentlich Farbe in Ihre Wohnräume. Über glänzend grünem Blattlaub entwickeln sie viele Trichterblüten in einer weiten Farbpalette, in der – bei uns – Rosa, Weiß und Purpur vorherrschen. Behandeln Sie sie gelegentlich mit speziellem Rhododendron-Dünger.

STANDORT: SONNIG–HALBSCHATTIG, HÖHE: 20–50 cm, BLÜTEZEIT: XII–II

Die Garten-Queen

Schattengärten

Die meisten Balkon- und Terrassenblüher ziehen süd-, ost- oder westseitige Lagen vor, die ihnen täglich mehrere Sonnenstunden bescheren. Aber auch als Besitzer eines nordseitigen Balkons müssen Sie nicht verzweifeln, sich demütig mit Efeu bescheiden und die Hoffnung auf Sommerblüten aufgeben. Bereitwillige Schattenblüher sind z. B. Fleißige Lieschen, Begonien und Zyklamen. Auch Topfhortensien haben nichts gegen Schatten einzuwenden. Fingerhut, Silberblatt und Adonisröschen ziehen den dauerhaften Schatten sogar der Sonne vor. Gleichsam für den Schatten geboren sind natürlich auch die Funkien, bei denen es sich übrigens um die Lieblingspflanzen des britischen Thronfolgers Prinz Charles handelt. Sie besitzen große, fleischige, meist herz- oder eiförmige, gerippte Blätter, über denen im Sommer hohe blattlose Blütentriebe stehen. Wählen Sie Sorten mit panaschierten, sprich zweifarbig grün-weiß gemusterten Blättern. Im Schatten fängt das Blattweiß richtiggehend zu leuchten an.

Panaschierte Pflanzen brauchen stets mehr Licht als solche derselben Art ohne Panaschierung, d.h., für extreme Schattenplätze sind panaschierte Pflanzen nicht geeignet und dümpeln vor sich hin.

Bambus, *Bambusa*

B T

Bambusblätter erzeugen ein wohliges, leises Rascheln, das äußerst beruhigend auf die Seele wirkt – und ein schöner, eleganter Anblick sind sie noch dazu. Es gibt einige Bambusarten, die sich nicht nur sehr gut für die Topfkultur eignen, sondern auch weitgehend frosthart sind, wenn Sie nicht gerade in einem alpinen Reizklima wohnen. Aber Achtung: Sie müssen den Bambustopf im Winter trotzdem gut einpacken, damit die Erde nicht durchfriert. Und denken Sie daran: Die Gefahr, dass Ihr Bambus im Winter verdurstet, ist weitaus größer als die, dass er erfriert. An nicht ganz so frostigen Tagen sollten Sie ihn also gelegentlich gießen. Im September entfernen Sie alle alten Blätter und vertrockneten Äste aus den Bambus-Töpfen – um Luft und Platz zu machen für frische, grüne Frühjahrstriebe.

STANDORT: SONNIG–HALBSCHATTIG, HÖHE: 100–200 cm,

Begonie, *Begonia*

B T F Z

In der großen Begonien-Familie sind die Knollenbegonien die mit den größten Blüten. Sie werden meistens einjährig kultiviert. Einzeln in Töpfen auf der Fensterbank oder auf dem Balkon sehen sie wie große, buschige, bunte, fleischige Pflanzentiere aus. Einige Arten wie die Königs- und Eliatorbegonien sind auch gute Zimmerpflanzen. Vor allem während der Blüte müssen Sie sie regelmäßig düngen!

STANDORT: HALBSCHATTIG–SCHATTIG, HÖHE: 20–40 cm, BLÜTEZEIT: VI–X

Chrysantheme, *Chrysanthemum*

B T F Z

Die (aus China stammende) Chrysantheme, die dann zu blühen beginnt, wenn die meisten anderen Pflanzen sich zurückziehen, gilt als Symbol für langes Leben und für das Bewahren der Schönheit in schwierigen Zeiten. Sie steht auch für den Herbst und das Gedenken an die Toten – darum taucht sie Anfang November um Allerheiligen in praktisch allen Blumengeschäften inflationär auf. Verkauft werden meistens immer nur zwei, drei recht hübsche, aber unspektakuläre Arten mit weißen oder gelben Blüten. Chrysanthemen können aber sehr viel mehr. Schauen Sie sich ein bisschen um: Neben den kleinblütigen, üppig wuchernden Gartenchrysanthemen stoßen Sie vielleicht auch einmal auf großblütig, bronzefarbene Sorten, die beinahe wie Pfingstrosen aussehen. Chrysanthemen sind gute Topfpflanzen für drinnen und draußen – erkundigen Sie sich beim Kauf jeweils nach ihrer Eignung. Abgeschnittene Blüten halten in der Vase besonders lange.

STANDORT: SONNIG, HÖHE: 30/50–100 cm, BLÜTEZEIT: IX–XI

Clematis oder Waldrebe, *Clematis*

B T

Wenn Sie beim Kauf von Clematispflanzen darauf achten, früh-, mittel- und spätblühende Sorten zu kombinieren, können Sie sich mitunter von Anfang April bis September über wechselnde Clematisblüten-Kaskaden auf Balkon- oder Terrassenwänden freuen. Frühe Arten sind etwa *Clematis alpina* und *Clematis macropetala*, mittlere z. B. *Clematis florida*, späte z. B. die beliebte großblütige *C. jackmanii*. Als ursprüngliche Wald-Kletterpflanzen brauchen Clematis einen „kalten Fuß“, das bedeutet, dass Sie ihnen Basis und Wurzeln beschatten müssen. Entweder bedecken Sie dafür die Topferde oben mit Steinen oder Sie platzieren einen längs auseinandergebrochenen Tontopf als Sonnenschutz vor dem Stamm. Clematis in Töpfen müssen regelmäßig gedüngt werden.

STANDORT: SONNIG–HALBSCHATTIG, HÖHE: 250–350 cm, BLÜTEZEIT: IV–V, V–VI, VII–IX

Clivie, *Clivia*

B T Z

Clivien, die kleinblütigeren Schwestern der Amaryllis, sind robuste, widerstandsfähige und besonders reich blühende Zimmerpflanzen mit dichten, meist orange-gelben Blütendolden (*Clivia miniata*) – sofern Sie auf die einzige Eigenheit Rücksicht nehmen, die sie besitzen: Wenn Sie in der Wachstumsphase den Winkel verändern, in dem die Pflanze zum Licht steht, kommt sie nicht zur Blüte. Nach den letzten

Frösten können Sie Ihre Clivie getrost hinausstellen und den ganzen Sommer über dort lassen.

STANDORT: SONNIG–HALBSCHATTIG, HÖHE: 30–50 cm, BLÜTEZEIT: III–VII

Dahlie, *Dahlia*

Dahlien treiben bis zum ersten Frost immer und immer wieder neue Knospen aus, wenn Sie sich die Mühe machen, ihnen die welken Blüten regelmäßig abzuknipsen. Auf diese Weise kann Ihre Topfdahlie vom Hochsommer bis in den Spätherbst blühen. Bei Dahlien haben Sie die Qual der Wahl: Es gibt Liliput-Sorten, aber auch riesenhafte mit Blütenköpfen von bis zu 25 Zentimetern Durchmesser.

Die Blütenformen reichen von ganz einfachen achtblättrigen bis zu pompon-, kaktus-, pfingstrosen-, seerosen- oder ballförmigen. Gleichermaßen üppig ist die Farbpalette. Für die Topfkultur sollten Sie aber vielleicht von den größten Sorten Abstand nehmen. Im Herbst, nach der Blüte, holen Sie die Dahlienknollen aus der Erde, bürsten sie gut ab und überwintern sie in Sand an einem gut belüfteten, kühlen Ort – wenn Ihnen das zu mühsam ist, verschenken Sie die Knollen und kaufen sich im Frühjahr neue. Dahlien sind schöne Vasenblumen, deren Haltbarkeit Sie verlängern, wenn Sie ihnen täglich das Wasser wechseln.

STANDORT: SONNIG, HÖHE: 20/30–200 cm, BLÜTEZEIT: VII–X

Engelstrompete, *Brugmansia*

Engelstrompeten sind im mitteleuropäischen Klima klassische Kübelpflanzen, die im Sommer draußen stehen und blühen, im Herbst kräftig zurückgeschnitten werden und in einem kühlen Raum überwintern. Sie sind kräftige, baumförmige Sträucher, die weiß-rosa oder gelbe Hängeblüten von bis zu 15 Zentimetern Länge entwickeln. Die Blüten öffnen sich gegen Abend und verströmen einen betörend süßen, schweren Duft. Tatsächlich ähnelt ihre Form der einer Trompete; Engel können bei der Engelstrompete aber schon allein deswegen nicht ihre Finger im Spiel haben, weil alle Teile der Pflanze sehr giftig sind. Halten Sie also Ihre Kinder von ihr fern. Sie müssen Ihre Engelstrompeten während der Wachstumsphase viel gießen und düngen, wenn sie schön blühen soll.

STANDORT: SONNIG, HÖHE: BIS 200 cm, BLÜTEZEIT: VI–X

B T

Fetthenne oder Mauerpfeffer, *Sedum*

Dickblattpflanzen wie die Fetthenne, die Hauswurz oder die verschiedenen Sedum-Stauden sind praktisch durch nichts umzubringen, machen sich gut mit ihren fleischigen, wasserspeichernden Blättern und kleinen Blütendolden und sind auf heißen Terrassen hervorragende Flächendecker. Und sie brauchen so gut wie keine Pflege. Wenn Sie sie in ungewöhnliche Gefäße pflanzen, erzielen Sie mit ihnen mitunter die surrealsten Ensemble-Effekte. Besonders schön: *Sedum* 'Ruby Glow', eine niedrige, laubwerfende Dickblattstaude mit purpur-grünen Blättern und rubinroten Rispen voller sternförmiger Blüten. Auch der ganz gewöhnliche Mauerpfeffer – *Sedum acre* – gehört zur Familie, er ist ein guter Bodendecker und bildet in Töpfen lustige Polster, die im Sommer mit sternförmigen, kleinen gelben Blüten übersät sind.

STANDORT: SONNIG, HÖHE: 5–10 cm, 25–30 cm, BLÜTEZEIT: VI–X

B T F

Fingerhut, *Digitalis*

Der klassische Fingerhut – *Digitalis purpurea* – entwickelt im Sommer eine oder zwei große, von unten nach oben aufblühende, spitz zulaufende Dolden purpurfarbener, pantoffelförmiger Blüten mit gepunktetem Schlund. Es gibt aber auch sehr schöne weiß oder gelb blühende Sorten. Fingerhüte sind die Idealbesetzung für Schattenplätze auf Balkon oder Terrasse – sofern keine Kinder darauf spielen. (Giftig!)

STANDORT: HALBSCHATTIG–SCHATTIG, HÖHE: 80–100 cm, BLÜTEZEIT: VI–VII

B T

Fleißiges Lieschen, *Impatiens walleriana*

Die Fleißigen Lieschen tragen ihren Namen nicht umsonst: Sie sind emsige Blüher und bilden mit ihren stark verästelten Trieben schnell üppige Blatt- und Blütenpolster. Ihre

B F T Z

Die Garten-Queen

Bienenweiden

Zum Anlocken von Bienen und Hummeln pflanzen Sie am besten weiße, blaue, gelbe und purpurrote Blütenpflanzen, weil diese Insekten ultraviolette Farbtöne besonders attraktiv finden. Dasselbe gilt für Schmetterlinge. Magisch angezogen fühlen sich die Brummer und Flatterer von blühendem Lavendel, Salbei, Thymian, Rosmarin, Basilikum oder Borretsch und von Taubnesseln, Phlox, Lobelien, Geißblatt, Fingerhut und Glockenblume. Wenn Sie Platz für einen Strauch haben: Der Schmetterlingsstrauch oder Sommerflieder (Buddleja) mit seinen dichten rosa, weißen oder lila Blütenrispen trägt seinen Namen nicht umsonst.

fünfblättrigen, flachen Schalenblüten stehen oft dicht an dicht überm Blattlaub, die Farbpalette reicht von Weiß, Rosa, Orange, Rot und Purpur bis zu zweifarbig. Fleißige Lieschen eignen sich auch als Zimmerpflanzen, anders als draußen werden sie dann nicht als Einjährige gezogen.

STANDORT: HALBSCHATTIG, HÖHE: 20–45 cm, BLÜTEZEIT: V–IX

Fuchsie, *Fuchsia*

Dass Fuchsien als Balkonpflanzen so beliebt sind, liegt an zwei Eigenschaften: Sie blühen üppig und über Monate. Außerdem können sie aufrecht oder hängend, als Hochstämmchen oder kleiner Busch gezogen werden. Ihre Blüten haben eine ungewöhnliche Form, häufig mit Kron- und Kelchblütenblättern in verschiedenen Farben und weit aus der Blüte hervorstehenden Staubgefäßen. Zwei der gängigsten und schönsten Sorten sind Fuchsia 'Deutsche Perle', deren große Blüten zweifarbig weiß und purpur sind, und die filigrane, rot-purpurne Scharlachfuchsie *Fuchsia magellanica*, die erste, die aus Südamerika nach Europa kam und bei heller Überwinterung sogar in der Wohnung weiterblüht.

STANDORT: HALBSCHATTIG, HÖHE: 50–150 cm, BLÜTEZEIT: V–X

B T F

Funkie, *Hosta*

Funkien sind die Stars im Schattengarten. Mit ihren Büscheln großer, fleischiger Blätter, die es in allen möglichen Farbtönen von Grün, Gelb, Blaugrün und Graublau bis hin zu auffällig panaschiert – sprich weiß-grün gemustert – gibt, verleihen sie auch noch dem düstersten Terrasseneck spektakulären Glanz. Ihre Blüten in Weiß oder Lila-Tönen stehen an langen, kahlen Stängeln hoch über den Blättern.

STANDORT: HALBSCHATTIG–SCHATTIG, HÖHE: 30–70 cm, BLÜTEZEIT: VI–VIII

B T

B T F Z V

Gänseblümchen, *Bellis perennis*

Sie kennen das Spiel „Sie liebt mich, sie liebt mich nicht"? Die Blume, der dabei die Blütenblätter der Reihe nach ausgezupft werden, bis zum Schluss nur mehr das eine übers Geliebt- oder Nicht-geliebt-Werden entscheidende übrig bleibt, ist seit jeher das Gänseblümchen. Ganz allgemein scheint im Gänseblümchen mit seiner freundlich hellgrünen Blattrosette und seinen weißen, manchmal leicht rosa überhauchten Zungenblütenkränzen etwas Prototypisches angelegt zu sein, eine Art „Ur-Blumenhaftigkeit": Jedenfalls ist es die Elternpflanze für eine ganze Legion von Kulturformen, die es allesamt buschiger, üppiger, fülliger und großblütiger angehen als das eigentliche Gänseblümchen. Manche haben pomponartige Kugelblüten in Rosa oder Rot. In einem kühlen, hellen Raum bei Temperaturen zwischen 5 und 8° C gehalten, eignen sich Gänseblümchen auch als winterblühende Zimmerpflanzen.

STANDORT: SONNIG–HALBSCHATTIG, HÖHE: 10–20 cm, BLÜTEZEIT: III-VII, ALS ZIMMERPFLANZE AUCH IM WINTER

Geranie (s. Pelargonie)

B T

Glyzine oder Blauregen, *Wisteria*

Die Glyzine ist das lila blühende Pendant zum gelbblütigen Goldregen. Als schnell wachsende Kletterpflanze umschlingen ihre Ranken, die mit der Zeit verholzen, Balkongeländer ebenso wie Stäbe oder andere Rankgerüste mühelos. Im späten Frühjahr – noch vor den Blättern – erscheinen dicke, pelzige Knospen, aus denen hängende Blütentrauben entstehen. Wenn Glyzinen jedes Jahr blühen sollen, gehören sie regelmäßig zurückgeschnitten. Dafür sollten Sie sich an einen Profi wenden – wenn man Glyzinen falsch kommt, reagieren sie manchmal mit eigensinniger Blühweigerung.

STANDORT: SONNIG–HALBSCHATTIG, HÖHE: BIS ZU 900 cm, BLÜTEZEIT: V–VIII

Gräser

B T

Gräser sind im internationalen Gartendesign seit einigen Jahren schwer in Mode. Sie machen sich nicht nur in Rabatten und Staudenbeeten, sondern auch in Töpfen sehr gut. Egal, ob Zier- oder Wildgräser: Gräser geben einer Grünraumgestaltung eine besondere Struktur, und zwar sowohl als Platzfüller als auch als einzeln stehende Blickfänge. Eine wunderschöne Eigenschaft vieler grünender Ziergräser wird Sie besonders beglücken: An der Wende vom Sommer zum Herbst schwingen sie sich zu herrlich glühenden Farbspielen auf, verfärben sich in allen Tönen von Sonnengelb, Kupfergold und -rosa über leuchtendes Orange und Violett bis hin zu Blutrot, Rostrot oder warmem Braun. Die Farbfeuerwerke erreichen Sie am besten, wenn Sie Ihren Gräsern sonnige Standorte geben. Über den Winter können Sie sie stehen lassen und erst im Frühjahr vorm Neuaustrieb zurückschneiden. Dann sieht Ihre Terrasse während der kalten Monate nicht ganz so kahl aus.

STANDORT: SONNIG–HALBSCHATTIG, HÖHE: 20–30 cm, 100–200 cm,

Hornveilchen, *Viola cornuta*

B T F V

Hornveilchen in großer Zahl finden Sie im Frühjahr in der Gartenabteilung jedes Baumarktes. Wie der Name schon sagt, gehören sie zur Familie der Veilchen, stammen ursprünglich aus den Pyrenäen und sind die Vorfahren der viel großblütigeren, unter dem Verdacht äußerster Biederkeit stehenden Stiefmütterchen. Wenn Sie ihnen regelmäßig die verwelkten Blüten abzupfen, gehören sie zu den eifrigsten Blühern – mitunter ununterbrochen von Mai bis Oktober. Die Blütengröße der Hornveilchen liegt genau in der Mitte zwischen Stiefmütterchen und Veilchen. Es gibt inzwischen so viele Züchtungen, dass an Farbkombinationen praktisch alles möglich ist – von Braun-Gelb bis zu Blau-Weiß. Wie Veilchen tolerieren sie auch halbschattige oder schattige Standorte. Hornveilchen eignen sich, obwohl sie nicht sehr lange halten, auch für kleine Vasensträuße.

STANDORT: SONNIG–HALBSCHATTIG, HÖHE: 10–25 cm, BLÜTEZEIT: V–X

Hortensie, *Hydrangea*

B T Z

Hortensien, die jeden zweiten Ziergarten und Terrassenkübel der 1960er-Jahre schmückten, feiern gerade eine Renaissance. Ihr altmodischer, an britische Cottagegärten gemahnender Charme ist ihnen geblieben. Sie sind gemütliche, rundliche Kleinsträucher mit eiförmigen, hellgrünen Blättern und kugeligen Blütenschirmrispen. Wenn Sie eine blaublühende Hortensie kaufen, kann es passieren, dass sie schon im nächsten Jahr plötzlich rosa blüht. Kein Grund zur Sorge: Verpassen Sie ihr ein bisschen Hortensien-Dünger. Er enthält Kalialaun, das für die Rückfärbung Richtung Blau sorgt.

STANDORT: SONNIG–HALBSCHATTIG, HÖHE: 50–100 cm, BLÜTEZEIT: VII–IX

Kaiser-, Prunk- oder Purpurwinde, *Ipomoea*

B T F

Nichts befriedigt das Gärtnerherz tiefer als ein rascher Blüherfolg. Aufs Komplizierte können Sie sich immer noch stürzen. Daher: Drei, vier Samen der Kaiserwinde in einen größeren Topf mit Erde setzen, feucht halten und abwarten. Von Juni bis Oktober blüht Ihnen eine bis zu vier Meter hohe Kletterpflanze mit herrlichen, blitzblauen Trichterblüten. Jeden Tag am Morgen öffnen sich neue Blüten, die – wenn es sehr heiß ist – zu Mittag vergehen. Wenn Sie die verblühten Blüten regelmäßig abknipsen, verlängern Sie die Blütezeit der Pflanze. Kletternde Kaiserwinden gibt es auch in Rosa, Weiß, Violett, Purpur oder gestreift, außerdem mit gefiederten Blättern und roten Trichterblüten (Zypressen-Prunkwinde, *Ipomoea quamoclit*) und mit lustigen gelb-weiß-roten Traubenblüten (Sternwinde, *Ipomoea lobata*). Eine sehr hübsche, nicht rankende, sondern buschig niedrig wachsende Art ist die Dreifarbige Winde, *Concolvulus tricolor*: Sie ist violett mit gelb-weißem Schlund.

STANDORT: SONNIG, HÖHE: BIS ZU 300–400 cm, BLÜTEZEIT: V–X

Kapuzinerkresse, *Tropaeolum*

Einfacher geht's wirklich nicht: Im Mai säen Sie einige Kapuzinerkresse-Samen in einen mittelgroßen Topf, und drei Monate später stehen Sie bewundernd vor einer blütenübersäten, manchmal bis zu vier Meter hohen Kletterpflanze mit kreisrunden Stielblättern und rot-orangen bzw. gelben, gestielten Blüten. Kapuzinerkresseranken erklimmen praktisch alles, was Sie ihnen zur Verfügung stellen: Stäbe, Rankgerüste oder auch Sträucher. In der Sonne wirken die Blüten so, als wären sie von innen erleuchtet. Es gibt übrigens auch buschig wachsende, nicht rankende Sorten.

STANDORT: SONNIG–HALBSCHATTIG, HÖHE: 20–400 cm, JE NACH SORTE
BLÜTEZEIT: VII–X

B T F

Kohl, *Brassica oleracea*

Man würde es dem braven Kohl gar nicht zutrauen: Als Zierpflanze feiert das nur mäßig beliebte Blattgemüse glänzende Auftritte, und zwar besonders im Herbst und Winter. Die gekräuselten Blattrosetten von Zierkohlsorten sind häufig zweifarbig: Etwa die äußeren Blätter blaugrün, die inneren rosa, weiß oder rot (*Brassica olerecea* 'Tokyo'). Sie können sie einzeln in Töpfe pflanzen und über den Winter draußen lassen. Nach frostigen Nächten wirken die buschigen, vom Reif überzogenen Kohlrosetten, als wären sie von Zauberhand mit Staubzucker überpudert worden.

STANDORT: SONNIG, HÖHE: 20–45 cm

B T Z

Lavendel, *Lavandula*

Lavendel liebt es heiß und trocken. Geben Sie seinem Topf daher einen Platz an der Sonne. Der echte Lavendel *Lavandula angustifolia* ist ein kleiner Strauch mit schmalen, leicht pelzigen, graugünen Blättern, über denen im Hoch- und Spätsommer lange Ähren mit blauvioletten Blüten auftauchen. Der nektarreiche Lavendel ist eine aromatisch duftende Pflanze, die Schmetterlinge und Bienen magisch anzieht und hilft, Rosen vor Schädlingsbefall zu schützen. Wenn Sie den Lavendel ernten wollen, schneiden Sie die Blütenähren ab, bevor sie ganz aufgeblüht sind.

STANDORT: SONNIG, HÖHE: 40–100 cm, BLÜTEZEIT: VII–VIII

B T

Lilie, *Lilium*

B T Z V

Mit etwas Geschick sind Lilien nicht nur spektakulär schöne, sondern auch sehr ausdauernde Topfpflanzen. Als ursprüngliche Waldbewohner halten sie – darin ähneln sie Clematis – ihr Blattwerk und ihre Blütenköpfe gern in die Sonne, während ihre Wurzeln beschattet sein sollten. Eine solche Situation lässt sich im Topf leicht simulieren, indem Sie die Basis der Pflanze mit einer großen, gebogenen Tontopfscherbe, die Sie in die Erde stecken, vor der Sonne abschirmen. Das Substrat, das Lilien am meisten liegt, ist nährstoffreiche, humose Erde. Besonders gute Topfpflanzen unter den Lilien sind die weißblütig, rosa überhauchte Königslilie *Lilium regale*, die berauschend duftet, und die leuchtend orange Feuerlilie *Lilium bulbiferum*. Zupfen Sie die Jungpflänzchen, die im Frühjahr rund um die Mutterpflanze austreiben, aus, damit sie der Hauptpflanze nicht Energie fürs Wachsen und Blühen rauben. Die Jungpflanzen können Sie ihrerseits in einem neuen Topf kultivieren. Lilien sind ausgezeichnete Vasenblumen – falls Sie nicht Ihre eigenen abschneiden wollen, kaufen Sie sich einfach welche.

STANDORT: SONNIG, HÖHE: 40–100 cm, BLÜTEZEIT: VII–VIII

(Garten-)Löwenmäulchen, *Antirrhinum majus*

B T V

Die Pflanze, deren lateinischer Name „Antirrhinum" irgendwie so klingt, als handelte es sich um eine Medizin gegen Schnupfen, können Sie getrost in Ihre Favoritenliste der besten Balkon- und Topfblumen aufnehmen. Löwenmäulchen haben – nomen est omen – zweilippige Blüten, die sich wie ein kleines Maul öffnen, wenn Sie sie an den Seiten leicht zusammendrücken. Außerdem sind die Blüten auf samtfellartige Weise pelzig. Sie bilden aufrecht stehende Blütentrauben, die von unten zur Spitze hin aufblühen und auf schmalen Stielen mit lanzettförmigen Blättern sitzen. Die Farbpalette dieser Langblüher reicht von Weiß und Gelb über viele Rosa-, Rot- und Bronzetöne bis zu zweifarbig. Wenn Sie die welken Blütenstände abzwicken, verlängern Sie die Blüte. In einem halbwegs milden Herbst blühen einzelne Löwenmäulchen unverdrossen bis in den November hinein. Sie sind auch sehr gute Schnittblumen, mit einer Einschränkung: In der Vase machen Löwenmäulchen nicht sehr viel länger als zwei, drei Tage eine wirklich gute Figur.

STANDORT: SONNIG, HÖHE: 20 – 80 cm, BLÜTEZEIT: VI–X

Narzisse oder Osterglocke, *Narcissus*

Narzissenzwiebeln setzen Sie schon im September in Töpfe – anders als Tulpen, die bis Oktober oder November warten können. Als Faustregel gilt: Die Zwiebel immer mindestens zwei Mal so tief einsetzen, wie sie selbst hoch ist. Eine gute Drainageschicht ist wichtig. Die bestückten Töpfe überwintern Sie draußen an einem möglichst trockenen Ort. Werden die Zwiebeln nämlich nass, faulen sie leicht. Die Kälte hingegen brauchen sie, um zum Austreiben angeregt zu werden. Wenn Sie ein paar Töpfe mit Narzissenzwiebeln auf eine Innenfensterbank stellen, bekommen Sie schon mitten im Winter erste Blüten. Die nicht frostharte Weihnachtsnarzisse *Narcissus papyraceus*, die einjährig als Zimmerpflanze kultiviert wird, blüht gar überhaupt schon im Dezember oder Januar. Manche Sorten wie die weiß-gelbe Dichter-Narzisse *Narcissus poeticus* duften sehr stark.

STANDORT: SONNIG, HÖHE: 20–50 cm, BLÜTEZEIT: III–V

B T Z V

Oleander, *Nerium*

Als klassische Mittelmeerpflanzen sind Oleander ausgewiesene Sonnenanbeter. Wenn Ihr Balkon kein sonniges Plätzchen zu bieten hat, können Sie sich einen Oleander gleich wieder aus dem Kopf schlagen. Andernfalls hingegen sind Oleander schöne, unkomplizierte Blütensträucher mit langen, ledrig glänzenden Blättern und lockeren Cymen kleiner, gestielter Blüten in Rosa, Purpur, Weiß, Gelb oder Apricot. Manche Sorten haben auch gefüllte Blüten. Achtung im Sommer: Oleander gehören im Wachstum regelmäßig gedüngt und sind vor allem während der Blütezeit sehr durstig! Die meisten Oleander sind frostempfindlich – auch wenn sie es eine kurze Zeit lang bei Temperaturen um den Gefrierpunkt aushalten. Lassen Sie es besser nicht darauf ankommen,

B T

Die Garten-Queen

Turbo-Blumenmeer aus Samen

Machen Sie ein Experiment. Der richtige Monat dafür ist der Mai, der Name des Unternehmens lautet „Buntes Blütenmeer aus Samen". Dazu brauchen Sie nicht mehr als einen oder auch zwei halbwegs großzügig bemessene, mit frischer Balkonblumenerde gefüllte Tröge. Der Plan lautet: Von null auf hundert in nur zwölf Wochen. Sprich: Ein Garten aus den Samen von einjährigen Pflanzen, die sich in drei Monaten zu ihrer vollen Blühschönheit einwickeln. Kombinieren können Sie, was immer Ihnen an Einjährigen gefällt. Säen Sie die Samen einfach nach den Angaben auf dem Samenpäckchen dorthin in die Tröge, wo Sie sie haben möchten. Ein paar klassisch schöne und dankbare Fixstarter, mit denen auch blutige Anfänger zumeist glänzende Erfolge feiern, sind: herrlich orange oder gelb blühende Ringelblumen, niedrige, buschige Sorten der Kapuzinerkresse (die es inzwischen in allen Farbschattierungen von gelb, rot, orange und purpur gibt), die himmelblau blühende Jungfer-im-Grünen mit ihren

Kapuzinerkresse
Tropaeolaceae

Ringelblume
Calendula

Dreifarbige Winde
Convolvulus tricolor

Tabakpflanze
Nicotiana

fiedrigen, an Dillkraut erinnernden Blättern oder die Dreifarbige Ackerwinde *Convolvulus tricolor*, deren lustige, violette Trichterblüten einen weiß-gelben Schlund besitzen. Diese vier geben einen guten niedrigen bis halbhohen Vordergrund für Ihren Blumentrog ab. Um weiter hinten für Höhe zu sorgen, eignet sich die Kornrade mit ihren malvenähnlichen, großen, rosa Blütenkelchen und einer Höhe von bis zu 90 Zentimetern. Eine gute Hintergrundpflanze ist auch der Amarant oder Fuchsschwanz. Obwohl er eine einjährige Pflanze ist, wird er mächtig wie eine Staude und über einen Meter hoch. Er hat große, hellgrüne Blätter und auffallende Blüten, die wie lange, rote Hängequasten aussehen. Auch die Einjährigen aus der Familie der Tabakpflanzen – z. B. *Nicotiana* 'Lime Green' mit vielen limettengrünen Stielblüten – sind gute Kandidaten für einen farbigen Hintergrund.

schon gar nicht bei Oleandern in Töpfen. Räumen Sie sie rechtzeitig, bevor das Thermometer unter Null fällt, in ein frostsicheres Winterquartier. Ein regelmäßiger Rückschnitt im Frühjahr tut ihnen gut.

STANDORT: SONNIG, HÖHE: 100–200 cm UND MEHR, BLÜTEZEIT: VI–IX

B T F Z

Pelargonie, *Pelargonium*

Die Alltime-Klassiker unter den Balkonpflanzen sind die Pelargonien, die üblicherweise – wenn auch fälschlich – als Geranien bezeichnet werden. So alltäglich sie sind, besitzen sie doch eine exotische Herkunft: Die meisten stammen aus dem südlichen Afrika. Es gibt unüberschaubar viele und vielfarbige Züchtungen, von denen die meisten Gartencenter nur einige wenige vertreiben. Um sie als Balkon- und Fensterkasten-Flor einzusetzen, kaufen Sie im Frühjahr kleine Pelargonienpflänzchen im Dutzend. Als Einzeltopfpflanzen können Sie zur Abwechslung aber auch einmal zu ihren selteneren, wenn auch inzwischen stark im Trend liegenden Schwestern greifen: den Duftpelargonien. Deren Blattlaub verströmt zum Teil sehr eigenwillige, völlig unverwechselbare Düfte: von After Eight und Apfelminze bis zu Vanille, Orange, Schokolade, Motoröl oder Vaporub. Hell und kühl überwintern. Pelargonien gedeihen am besten, wenn Sie Ihrem Gießwasser regelmäßig eine Dosis phosphatreichen Tomatendünger beimischen.

STANDORT: SONNIG, HÖHE: 30–80 cm, BLÜTEZEIT: V–X

B T F

Petunie, *Petunia*

Wie Pelargonien sind Petunien Fixstarter im Balkonkasten. Sie haben kleine, behaarte Blätter und lustige, weiche Trichterblüten, die bei manchen Sorten sogar zweifarbig gestreift sind. Sie müssen Petunien entsprechend viel Platz lassen, weil sie eine ungeheure Menge an Blattwerk und Blüten entwickeln. Auch wenn es anfangs armselig aussehen mag: In einen Fensterkasten von einem Meter Länge gehören nicht mehr als vier Petunienpflänzchen.

STANDORT: SONNIG, HÖHE: 20–30 cm, BLÜTEZEIT: VI–X

Platterbse, *Lathyrus*

Platterbsen (umgangssprachlich werden sie oft Wicken genannt) gehören zu den Erbsengewächsen. Wie diese entwickeln sie neben Ranken und Blättern auch fadendünne „Greifarme“, mit denen sie ihre Klimmstäbe umklammern. Für Ihren Balkongarten ist besonders die Duftwicke oder Duftende Platterbse *Lathyrus odoratus* eine Idealbesetzung. Sie ist eine Kletterpflanze, die im Sommer anmutige, wohlriechende Blüten an langen Stielen entwickelt, die wie einfarbige Schmetterlinge aussehen. Ziehen können Sie sie ganz leicht aus Samen, die Sie im Mai direkt draußen in die Topferde säen. Duftwicken sind hinreißende Vasenpflanzen.

STANDORT: SONNIG, HÖHE: 20–30 cm/150–200cm (JE NACH SORTE), BLÜTEZEIT: VI–X

B T F V

Ringelblume, *Calendula officinalis*

Ringelblumen sind absolute Alleskönner. Ihre handtellergroßen Blüten, die denen der Margeriten ähneln, besitzen eine unvergleichlich intensive orange Färbung, sie lassen sich ganz leicht aus Samen ziehen, sind völlig anspruchslos, blühen über Monate wie verrückt und sind außerdem noch wunderschöne Vasenblumen. Die Ringelblume ist eine uralte Heilpflanze. Auch wenn Sie als Topfgärtner nicht gleich zum Rühren von Ringelblütensalben schreiten werden, können Sie doch zumindest ihre feinwürzig schmeckenden Blütenblätter verwenden, um sie über frische Salate zu streuen.

STANDORT: SONNIG, HÖHE: 25–45 cm, BLÜTEZEIT: V–X

B T F V

Rittersporn, *Delphinium*

Es ist schwer auf Rittersporne zu verzichten, weil sie ein Farbspektrum in den Garten bringen, das sonst gar nicht so leicht zu finden ist, nämlich eine ganze Palette von verschiedensten Blautönen, darunter ganz reines Hell- und Dunkelblau. Es gibt allerdings auch sehr schöne weiße, rosa oder cremegelbe Sorten. Kaufen Sie am besten bereits vorkultivierte, halbhohe Pflanzen. Rittersporne für die Topfkultur selbst zu ziehen lohnt sich nicht. Die Gruppe der sogenann-

B T

ten Elatum-Hybriden unter den Rittersporne entwickelt zum Teil mannshohe dicke Ähren voller gespornter Blüten, die sich von unten nach oben öffnen. In Töpfen werden sie nicht ganz so hoch, bilden aber immer noch einen jederzeit eindrucksvollen Blickfang. Stützen Sie sie gut mit einem Bambusstab, damit der Wind die Blütenähre nicht knicken kann, und düngen sie – vor allem während der Wachstumsphase – regelmäßig alle zwei bis drei Wochen.

STANDORT: SONNIG, HÖHE: 30/40–200 cm, BLÜTEZEIT: VI–VII

B T V

Rose, *Rosa*

Rosen sind kapriziöse Geschöpfe, und wer das Gegenteil behauptet, hat sich noch nie düngend, stutzend, schädlingsbekämpfend und gut zuredend an einer abgearbeitet. Sie sind und bleiben pflegeintensive Pflanzen. Trotzdem: Welcher Gärtner will und kann schon auf Rosen verzichten? Als Balkon- und Terrassengärtner sind Sie da keine Ausnahme. Nach neuesten britischen Erkenntnissen liegt das Geheimnis der erfolgreichen Rosen-Topfhaltung im Beschneiden der Wurzeln: Sie kaufen im Herbst eine wurzelnackte Rosenpflanze Ihrer Wahl. Bevor Sie sie einsetzen, schneiden Sie ihr mit einer scharfen Gartenschere die lange Hauptwurzel so weit oben wie möglich ab und kappen danach auch noch die Enden der Nebenwurzeln. Danach setzen Sie die Rose in einen Topf von mindestens zehn Litern Volumen. Auch die oberen Triebe kürzen Sie so ein, dass nur die kräftigsten drei, vier Hauptäste übrig bleiben und nicht höher als zehn Zentimeter über die Topferde hinausstehen. Im nächsten Frühjahr sollte Ihre solcherart behandelte Rose üppig austreiben und reich blühen. Gut kombinieren lassen sich Rosen übrigens mit Lavendel, Salbei, Storchenschnabel oder Clematis. Der scharfe Geruch von Knoblauch hält Blattläuse von Rosen fern. Stecken Sie einfach ein paar Zehen in die Topferde Ihrer Rose.

STANDORT: SONNIG–HALBSCHATTIG, HÖHE: 30/40–200 cm (JE NACH SORTE), BLÜTEZEIT: JE NACH SORTE VON FRÜHSOMMER BIS FRÜHHERBST, MANCHE ZWEIMAL PRO SAISON

Salbei, *Salvia*

Neben dem Küchen- und Gewürzkraut-Salbei *Salvia officinalis* gehört zur großen Salbei-Familie auch noch eine ganze Reihe von Arten, die vor allem wegen ihrer schönen, bunten Blütenähren sehr beliebt sind. Da gibt es z. B. den signalrot blühenden Feuer-Salbei, den blau-, rosa- oder weißblütigen Buntschopf-Salbei oder den blitzblauen Enzian-Salbei. Alle Ziersalbei-Arten können Sie als gute, unkomplizierte und sehr dekorative Topfpflanzen zum Einsatz bringen. Wenn Ihnen beim guten, alten Gewürz-Salbei einmal der Sinn nach Abwechslung stehen sollte, entscheiden Sie sich für eine Pflanze von *Salvia officinalis* 'Tricolor'. Dieser Salbei besitzt dreifarbige Blätter in Grün, Cremeweiß und Rötlich. Als Kräuter- und auch als Zierpflanze können sie den Ananas-Salbei einsetzen. Wie der Namen schon sagt, duften seine Blätter, mit denen sich kühle Sommergetränke gut aromatisieren lassen, intensiv nach Ananas. Seine Blüten leuchten in intensivem Hellrot.

STANDORT: SONNIG, HÖHE: 25–45 cm, BLÜTEZEIT: V–X

B T F

Schwarzäugige Susanne, *Thunbergia alata*

Die einjährige, elegante Kletterpflanze mit dem pittoresken Namen ist eine völlig unverwechselbare Erscheinung: Die filigrane Schwarzäugige Susanne, die Höhen von bis zu zwei Metern erklimmt, besitzt glänzend grüne, herzförmige Blätter und knallorange Sternblüten mit schwarzem Schlund. Es ist tatsächlich so, als blickten Sie in die Pupille eines sehr exotischen Auges. Sie können sie statt als Rank- auch als Hängepflanze in Fensterkästen halten, was ihr extravagantes Wesen noch stärker unterstreicht. Ihr größter Vorteil: Sie lässt sich kinderleicht aus Samen ziehen und ist auch sonst völlig unkompliziert.

STANDORT: SONNIG, HÖHE: 150–200 cm, BLÜTEZEIT: VI–X

B T F

Sommerflieder, *Buddleja*

Die langen rosa, lila oder weißen Blütendolden dieses schnellwüchsigen Strauchs, der auch oft „Schmetter-

lingsstrauch" genannt wird, ziehen über 20 verschiedene Schmetterlingsarten an. Wenn Sie sich also anmutiges Geflatter wünschen, pflanzen Sie einen Sommerflieder – durchaus auch im Topf – und schneiden Sie ihn jedes Jahr im März ordentlich zurück. Achten Sie darauf, dass Sie eine frostharte Sorte erwischen, damit Sie den Topf im Winter gut eingepackt draußen stehen lassen können.
(Aber bitte nicht frustriert sein, wenn keine Schmetterlinge kommen – sie kommen nur dort vor, wo es genügend Futterpflanzen für die Raupen gibt – und das ist oft nicht mitten in der Stadt.)

STANDORT: SONNIG, HÖHE: 100–200 cm, BLÜTEZEIT: VII–X

Sonnenblume, *Helianthus annuus*
Sonnenblumen sind eine einzige Augenweide. Die gewöhnliche, gelbe Garten-Sonnenblume *Helianthus annuus*, die mit ein bisschen Glück bis zu eineinhalb Meter hoch werden kann, sollten Sie im Topf unbedingt mit einem Stab stützen. Je nach Sorte gibt es aber auch Sonnenblumen mit gefüllten Blüten, die wie Löwenkopfe aussehen, oder solche mit rotorangen oder bräunlichen Blüten. Alle Sonnenblumen können Sie sehr leicht aus Samen ziehen.

STANDORT: SONNIG, HÖHE: 100–150 cm, BLÜTEZEIT: VII–IX

Sonnenhut, *Rudbeckia*
Die Blüten des Sonnenhuts ähneln denen der Sonnenblume, sie sind nur kleiner, treten immer in großen Mengen auf und besitzen eine meist dunkelbraune Wölbung in der Mitte. Was sie zu so bestechenden Topfpflanzen macht, ist ihre lange Blühdauer. Mit ein bisschen Glück setzt Ihr Sonnenhut von Juli bis zum ersten Frost im November immer wieder neue Blüten an. Neben gelbem Sonnenhut gibt es auch tolle gelbbraune und rötlich braune Sorten, die in Kombination mit buntem Herbstlaub besonders schön leuchten. Sonnenhüte sind außerdem sehr gute Vasenblumen. Ebenfalls aus der Großfamilie der Astern-Gewächse stammt die Heilpflanze *Echinacea*, die die meisten wohl nur als Bestandteil von

Grippemedikamenten kennen. Als Pflanze sieht die *Echinacea* jedenfalls dem Sonnenhut zum Verwechseln ähnlich, nur dass ihre Blütenfarbe purpur oder weiß ist. Falls Ihnen diese Farben besser ins Konzept passen als die warmen Gelb- und Brauntöne des Sonnenhuts, können Sie jederzeit umschwenken.

STANDORT: SONNIG, HÖHE: 50–90 cm, BLÜTEZEIT: VII–X/XI

Storchschnabel, *Geranium*

Storchschnäbel sind sehr beliebte Gartenpflanzen, weil sie in Staudenbeeten innerhalb kürzester Zeit riesige Blatt- und Blütenpolster bilden. Als Topfpflanzen werden sie aber immer noch heillos unterschätzt. Sie sind quasi das Pendant zum Schleierkraut im Blumenstrauß, sprich sie füllen jede Lücke auf äußerst anmutige Weise. Sie können Ihre Rosenbüsche mit Storchschnabel unterpflanzen, sie ganze Tröge überwuchern lassen oder sie als Einzeltopfpflanzen ziehen. Die Farbpalette der Storchschnäbel reicht von Weiß über alle Rosa-, Lila- und Violett-Töne bis zu Magenta und Purpur, es gibt winzige, kaum zehn Zentimeter große, aber auch über einen Meter hohe Stauden.

STANDORT: SONNIG–HALBSCHATTIG, HÖHE: 5/10–100/200 cm, BLÜTEZEIT: V–VIII

B T F

Strohblume, *Bracteantha*

Die Blüten der Strohblume knistern richtiggehend, wenn Sie sie angreifen – so als wären sie aus farbigem Seidenpapier. Diese seltsame Eigenart und die Tatsache, dass ihre Blüten je nach Sorte in herrlichen Gelb-, Orange-, Rot-, Weiß- und Rosatönen leuchten, macht Strohblumen zu besonders beliebten Schnittblumen. Sie halten praktisch ewig – wenn alle anderen Vasenblumen längst den Geist aufgegeben haben, sehen Strohblumen immer noch gut aus. Sie können sie außerdem auch gleich für Trockensträuße verwenden – hängen Sie sie einfach eine Zeit lang verkehrt herum auf, damit auch die Blätter ganz durchtrocknen. Als Balkonpflanzen im Topf machen Strohblumen über Monate eine hervorragende Figur.

STANDORT: SONNIG, HÖHE: 40–90 cm, BLÜTEZEIT: VI–X

B T F V

B T F

Studentenblume, *Tagetes*

Tagetes haftet der Geruch des Altmodisch-Biederen an. Inzwischen gibt es aber Züchtungen, die alles andere als altbacken sind und auch dem Kritischsten die Qualitäten der niedrigen, üppig blühenden Topf- und Beetpflanzen vor Augen führt. Z. B. können Sie in jedem Gartencenter Samenpäckchen einer ziemlich spleenigen, weinrot-gelb gestreiften Sorte (*Tagetes* 'Mr.Majestic') kaufen, die äußerst schräg wirkt. *Tagetes* sind auch gute Übungspflanzen zum Thema Samensammeln: Sie pflücken die abgetrockneten Samenkapseln einfach ab, stecken sie in ein kleines Papiersäckchen und streuen sie im nächsten Jahr wieder in Töpfe aus.

STANDORT: SONNIG–HALBSCHATTIG, HÖHE: 40–90 cm, BLÜTEZEIT: VI–X

B T F Z V

Tulpe, *Tulipa*

Die alte Faustregel zum Tulpenpflanzen lautet: Die Tiefe der Pflanzlöcher sollte immer mindestens das Doppelte des Zwiebel-Durchmessers betragen. Gesetzt wird im Herbst – von Oktober bis zum ersten Frost. Die Zwiebeln brauchen die Winterkälte zum Austreiben. Wenn Sie in mehrere Töpfe früh-, mittel- und spätblühende Sorten einsetzen, können Sie sich von April bis Ende Mai über Tulpen freuen. Mit Tulpen haben Sie die Qual der Wahl: Es gibt einfache und gefüllte Blüten, ein- und mehrfarbige, ausgefranste und lilienblütige oder Wildtulpen, deren Knospen sich zu flachen Sternen öffnen. Auf der Fensterbank gezogen, blühen Tulpen schon im Winter, und selbstverständlich sind sie großartige Vasenblumen.

Und so blühen Ihre Zwiebeln auch im nächsten Jahr wieder: Warten Sie einfach, bis die Zwiebelpflanzen nach der Blüte auch ihr Laub eingezogen haben, nehmen Sie dann die Zwiebeln aus der Erde heraus. Die Tulpenzwiebeln lagern Sie bis zum Herbst an einem dunklen, trockenen Ort.

STANDORT: SONNIG, HÖHE: 15/20–80/100 cm, BLÜTEZEIT: III–VI (JE NACH SORTE)

Usambara-Veilchen, *Saintpaulia*

Von den abgelegenen Usambara-Mountains im ostafrikanischen Tansania aus haben diese kleinen Pflanzen mit den samtig-pelzigen Blättern die Fensterbänke und Wohnungen der gesamten westlichen Welt erobert. Die Usambara-Veilchen haben es zweifellos seit langem unter die Top Ten der beliebtesten Zimmerpflanzen geschafft. Kein Wunder: Unter günstigen Bedingungen bilden sie während des ganzen Jahres Blüten, und sie sind sehr leicht zu vermehren (siehe Seite 99). Ihre kleinen Blüten, deren Stängel direkt aus der Blattrosette wachsen, sind samtig mit gelbem Knopfauge in der Mitte. Es gibt sie in Violett, Rosa, Weiß und Lila.

STANDORT: SONNIG, HÖHE: 5–20 cm, BLÜTEZEIT: RUND UMS JAHR

Weihnachtskaktus, *Schlumbergera*

Der Weihnachtskaktus hat, obwohl er häufig um die Weihnachtszeit zu blühen beginnt, einen irreführenden Namen: Tatsächlich passt er noch viel besser zu Silvester, Sekt und Sprudel: Sein botanischer Name ist nämlich *Schlumbergera*. Blattkakteen wie der Weihnachtskaktus, die keine Stacheln, sondern flache, fleischige Blattsprossen besitzen, lieben Stabilität. Vor allem in der Zeit vom Knospenansatz bis zum Aufblühen wollen sie bleiben, wo sie sind. Lassen Sie Ihnen ihren Willen! Nach der Blüte stellen Sie Ihren Weihnachtskaktus für einige Zeit an einen hellen, kühlen Platz, im Sommer darf er ruhig draußen stehen. Er sollte aber nicht zu nass werden. Topfen Sie ihn alle drei bis vier Jahre im Frühling um.

STANDORT: SONNIG, HÖHE: 20–30 cm, BLÜTEZEIT: XI–I

Weihnachtsstern oder Pointsettie, *Euphorbia pulcherrima*

Es gibt keinen Grund, Weihnachtssterne nach den Weihnachtsfeiertagen wegzuwerfen. Sie sind mehrjährige Pflanzen. Wenn Sie sie im März auf die Hälfte zurückschneiden, ihnen eine mehrwöchige Ruhepause im Warmen und ohne Gießen gönnen und sie danach mindestens zwölf Stunden täglich in kompletter Dunkelheit verbringen lassen, treiben sie im nächsten Winter wieder üppig aus. In ihrer Heimat werden die Strauchpflanzen mit den roten Hochblättern, die wie Blüten aussehen, mehrere Meter hoch. Weihnachtssterne brauchen nur wenig Wasser. Der häufigste Fehler im Umgang mit ihnen ist übertriebenes Gießen. Auf Staunässe und einen kalten Wurzelfuß reagieren sie empfindlich.

STANDORT: SONNIG, HÖHE: 25–50 cm, BLÜTEZEIT: XI–I

Wunderblume, *Mirabilis jalapa*

B T F

Die Wunderblume trägt ihren Namen mit Recht: Es wird Ihnen tatsächlich wundersam vorkommen, wenn an Ihrer Mirabilis-Pflanze im Sommer mittelgroße, trompetenförmige Blüten in gleichzeitig fünf verschiedenen Farben auftauchen: rot, magenta, rosa, gelb und weiß. Die Wunderblume läuft nachts zur Höchstform auf: Ihre duftenden Blüten öffnen sich gegen Abend und welken am nächsten Morgen. Düngen Sie sie regelmäßig und geben Sie ihr viel Wasser.

STANDORT: SONNIG, HÖHE: 40–60 cm, BLÜTEZEIT: VI–X

Yucca-Palme, *Yucca elephantipes*

Z

Erinnern Sie sich an Ihre erste Wohnung und an die erste Topfpflanze, die Sie geschenkt bekommen haben? Die Wahrscheinlichkeit ist groß, dass es sich um eine Yucca-Palme gehandelt hat und dass Sie diese immer noch besitzen. Darum darf die Yucca-Palme als gärtnerische Einstiegsdroge gelten. Die genügsame Staude aus der Familie der Palmlilien besitzt einen oder mehrere verholzte, dickliche Stämme, aus denen üppige Büschel von langen, spitz zulaufenden, grünen Blättern wachsen. Bei uns werden die aus Mexiko stammenden Yuccas, die nicht frosthart sind, als Zimmerpflanzen kultiviert. Sobald es draußen aber stabil über 10°C hat, können Sie sie auch auf den Balkon stellen.

STANDORT: SONNIG, HÖHE: 50–200 cm

Zinnie, *Zinnia*

Legen Sie sich ein paar Töpfe mit Zinnien zu, und schon sind Sie praktisch von Mai bis Oktober Schnittblumen-Selbstversorger – und schmücken Ihren Balkon so ganz nebenbei auch noch mit ungeheuer dekorativen Langblühern. Zinnien ähneln Margeriten, die Blüten entwickeln sich am Ende langer Stiele, was sie fürs Abschneiden besonders prädestiniert. Ein weiterer Vorteil: Je regelmäßiger Sie einzelne Blüten abschneiden, desto stärker verzweigt sich die Pflanze und bildet neue Knospen. Zinnien gibt es in hohen oder niedrigwüchsigen Sorten, ihre Farbpalette reicht von Weiß und Gelb über Rosa, Pink und Magenta bis zu Orange, Karmesin und Kirschrot. Am besten kaufen Sie im Frühjahr in einer Gärtnerei kleine, vorgezogene Setzlinge und setzen sie im Abstand von zehn Zentimetern in größere Töpfe.

STANDORT: SONNIG, HÖHE: 20–70 cm, BLÜTEZEIT: VI–X

B T V

Mondschein-Garten

In warmen Hochsommernächten verströmen manche Blüten ihren Duft besonders verschwenderisch. Den Blumen geht es ums Anlocken von Nachtfaltern, dem Gärtner um Schönheit und nächtlichen Wohlgeruch. In den Palastgärten der indischen Mogul-Herrscher des 17. und 18. Jahrhunderts gab es Mondscheingärten: bepflanzt mit nachtblühenden und -duftenden Pflanzen, die Augen und Geruchsinn abendlicher Gartenflaneure erfreuen sollten. Eine Spur dieser exotischen Duftsymphonien können Sie sich auf Ihren Balkon oder Ihre Terrasse holen.

Schwer, ölig-süß und betäubend ist der Duft, den die Engelstrompete des Abends entfaltet. Sie öffnet ihre hängenden Trompetenblüten – von denen die weißen und rosa überhauchten besonders schön sind – bei Einbruch der Dunkelheit. Ebenso betäubend stark ist der nächtliche Duft der weißen Madonnenlilie, die im Hochsommer üppige Blütentrauben entwickelt. Andere – wie blasslila Nachtviolen oder

Levkojen – duften zwar auch während des Tages, verstärken ihren Geruch aber in der Dunkelheit. Die intensiv gelben Schalenblüten der Nachtkerze öffnen sich in der Dämmerung im Zeitraffertempo und riechen dann die ganze Nacht über in zarter, leicht würziger Süße. Auch der Ziertabak hat erst nachts seinen großen Auftritt. Seine kleinen, einfachen Röhrenblüten, die in lockeren Trauben stehen, sind während des Tages mitunter halb geschlossen. Abends öffnen sie sich zu kleinen, flachen Sternen, die einen überraschend heftigen, schweren Duft entfalten, der die ganze Nacht über die Luft erfüllt. Auch die Wunderblume oder Mirabilis hat sich ihren französischen Beinamen „Belle de Nuit“ verdient: Nicht nur entwickelt manchmal ein und dieselbe Pflanze Blüten in verschiedenen Farben – rot, rosa, gelb, magenta oder weiß –, sie duftet auch noch in mildem Orangenaroma vom späten Nachmittag bis ins Morgengrauen.

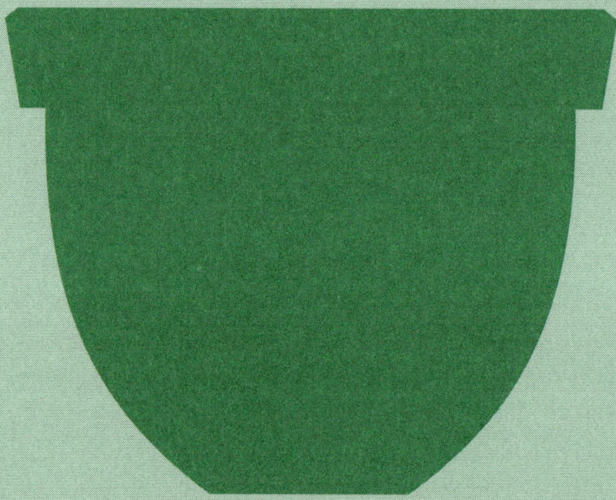

3 Rund um Topf und Erde

Anstelle von Beeten und Wiesen haben Balkon- und Terrassengärtner Töpfe, Tröge und Blumenkästen, um ihrer gärtnerischen Leidenschaft zu frönen. Hier erfahren Sie alles, was es über Töpfe und ihre Bepflanzung zu wissen gilt: welche Pflanzgefäße sich wofür eignen, wie Sie Pflanzen fachgerecht ein- und umtopfen und wie Sie die richtige Erde für Ihre Töpfe auswählen.

Kleine Topfkunde

Theoretisch eignet sich fast alles zum Blumentopf, sogar ein alter Schuh oder ein ausrangiertes Email-Waschbecken. Aber nicht alles, was möglich ist, ist auch praktisch.

Am besten ist es, Sie suchen sich Topfformen und -materialien aus, die Ihnen gefallen und zu dem Platz passen, den Sie zur Verfügung haben. Dabei gilt: Einheit erzeugt Weite.
Je kleiner Ihr Balkon oder Ihre Terrasse ist, desto wichtiger ist eine halbwegs einheitliche Gestaltung. Töpfe und Tröge aus verschiedenen Materialien sehen schön aus, lassen den vorhandenen Raum aber optisch noch kleiner erscheinen.

Terrakotta versus Plastik

Die häufigsten Materialien für Blumentöpfe und -kästen sind Terrakotta, Ton und Kunststoff. Töpfe aus Terrakotta oder Ton sind durchlässig und lassen Pflanzenwurzeln besser atmen. Gleichzeitig entweicht besonders im Sommer die Feuchtigkeit schneller. Plastiktöpfe atmen nicht, dadurch besteht eine größere Gefahr von Staunässe und Fäulnis. An heißen Tagen hält sich in ihnen allerdings die Feuchtigkeit länger. Inzwischen gibt es Plastiktöpfe nicht nur in allen möglichen Farben, sondern auch in einer Art Terrakotta-Imitat, das dem Original zum Verwechseln ähnlich sieht. Auch wenn es nicht ganz so schön ist, einen bestechenden Vorteil hat es:
Die Plastik-Kopien sind um vieles leichter als Tontöpfe und daher jedenfalls eine Überlegung wert.

Achtung bei schwarzen bzw. dunkelfarbigen Plastiktöpfen: An sonnigen Standorten heizen sie sich manchmal so stark auf, dass die Wurzeln der Pflanzen Verbrennungen erleiden. Dasselbe gilt übrigens auch für Metalltöpfe. Schlauer ist es, wenn Sie Metallgefäße nur als Übertöpfe verwenden.

Loch im Topf

Was immer Sie als Blumentopf verwenden: Auch noch das ausgefallenste Pflanzgefäß braucht im Boden ein oder mehrere sogenannte Drainagelöcher, also Abflussöffnungen, durch die überflüssiges Gießwasser abrinnen kann. Wenn Sie das ignorieren, stehen Ihre Pflanzen bald mit klatschnassen Wurzeln da. Dieses Problem nennt sich Staunässe und kann zu frühzeitigem Pflanzentod durch Verfaulen und Verrotten führen.
Die meisten Blumentöpfe, die im Handel erhältlich sind, haben vorgebohrte Drainagelöcher. Bei Blumenkästen aus Plastik sind diese Bodenlöcher häufig nur vorgestanzt. Sie müssen Sie – am besten mit Hammer und Meißel – durchstoßen, bevor Sie die Kästen bepflanzen. In große, bunte Olivenöl-Kanister, die sich hervorragend als dekorative Blumentöpfe eignen, bohren Sie diese Abflusslöcher am besten mit einem Handbohrer. Auch zu Töpfen umfunktionierte Plastikcontainer, -flaschen oder -wannen brauchen Drainagelöcher. Ein über einer Gasflamme erhitzter Nagel ist dafür das geeignete Werkzeug: Er schmilzt Löcher in den Plastikboden. Etwas heikler ist die Lochbohrung bei Pflanzgefäßen aus Ton oder Stein. Am besten funktioniert es mit einem dünnen Steinbohrer und folgender Technik: Sie bohren in die Mitte des Topfbodens mehrere eng beieinanderliegende kleine Löcher und schlagen dann mit einem Hammer die übrig gebliebenen Tonbrücken vorsichtig zu einem großen Loch aus. So laufen Sie weniger Gefahr als mit dicken Steinbohrern, dass Risse und Sprünge entstehen.

Ein Drittel weniger
Pflanzen in wasserundurchlässigen Plastiktöpfen brauchen gut ein Drittel weniger Wasser als Pflanzen in Tontöpfen, die wasserdurchlässig sind.

Untersetzer

Untersetzer fangen das Wasser auf, das durch die Drainagelöcher im Topfboden ausfließt. Das ist gut, weil die Pflanze sich so auch von unten Wasser holen kann, wenn sie es braucht. Allerdings sollte die Topf-Untertasse nicht schwimmen. Gehen Sie davon aus, dass keine Pflanze es schätzt, längere Zeit im Wasser zu stehen – außer sie heißt Papyrus-Gras und ist es gewohnt, ihr Leben im Überschwemmungsgebiet des Nil zu verbringen.

Für Sie bedeutet das: Ein bisschen Wasser im Untersetzer, sagen wir bodenbedeckend, ist in Ordnung. Alles, was darüber hinausgeht, sollten Sie abgießen. Nach starken Regenfällen zum Beispiel ist eine Untersetzer-Ausgieß-Patrouille auf Balkon oder Terrasse äußerst ratsam. Nicht nur Ihre Kakteen werden es Ihnen danken.
Topf-Untersetzer gibt es aus Ton und Plastik. An dieser Stelle darf die Ästhetik ruhig ein bisschen leiden: Greifen Sie zu Plastik. Es ist leichter und daher einfacher zu handhaben. Außerdem hinterlassen Terrakotta-Untersetzer aufgrund ihrer Wasserdurchlässigkeit dort, wo sie stehen, im Lauf der Zeit Flecken. Für Zimmerpflanzen müssen Sie deshalb immer Plastik-Untersetzer verwenden. Sie ersparen sich so unliebsame Überraschungen auf dem weißen Lack Ihrer Fensterbänke.

Trepp auf, Trepp ab
Auf Terrassen und Balkonen schränkt Platzmangel häufig den Expansionsdrang von leidenschaftlichen Gärtnern ein. Eine treppenförmige Etagere ist ein guter Ausweg. Auch ein Teil einer alten Holztreppe tut's. An eine Wand gelehnt, bietet er – je nach Stufentiefe – viel Raum zum Aufstellen von Töpfen.

Blumenkästen

Regel Nummer eins: Ein Blumenkasten sollte mindestens so lang sein wie das Fenster, vor dem er hängt, breit ist. Zu kurze Fensterkästen sehen ausnehmend lächerlich aus, und Sie haben doch bestimmt einen blumengestalterischen Ruf zu verlieren. Nachdem aber lange Blumenkästen unhandlich sind, nehmen Sie am besten zwei kurze auf eine Fensterlänge.

Regel Nummer zwei bezieht sich auf das Material: Entscheiden Sie sich für Kunststoff, auch wenn Blumenkästen aus Ton und/oder Holz bisweilen schöner sind. Das Hantieren mit Blumenkästen ist häufig mühsam, weil man nur von einer Seite gut an sie herankommt. Sie werden merken: je leichter, desto besser! Und Sie müssen sich ja nicht zusätzlich noch das Kreuz verreißen, oder?
An den Balkonen von Häusern neuerer Bauart sind häufig bereits Vorrichtungen angebracht – breite gemauerte Rinnen oder Wannen bzw. Betonbänke –, in denen Blumenkästen sicher untergebracht werden können. Ist das nicht der Fall, müssen Sie sich selbst etwas einfallen lassen.
Verschiebbare Stahlhaken sind eine gute Option für metallene Balkongeländer.

Künstliche Patina

Steintröge sind erst dann richtig schön, wenn sie Patina haben. Dazu müssen Sie nicht Jahrzehnte ins Land ziehen lassen. Dem Verwitterungseffekt, sprich dem Bewuchs mit Algen und Flechten, können Sie Beine machen.
Reiben Sie einfach die raue Steinoberfläche gelegentlich mit einem Büschel frischem Gras ab, damit ansiedlungsbereite Organismen etwas zum Beißen vorfinden.

Gut funktioniert auch ein Anstrich mit verdünntem Naturjoghurt oder flüssigem Dünger. Wenn Sie den Topf danach an einen feuchten, schattigen Ort stellen, finden Algen und Flechten geradezu ideale Bedingungen vor.

Eiserne Regel Nummer drei: Falls Sie vorhaben, Ihre Balkonkästen einfach auf einen Mauervorsprung oder ein Außenfensterbrett zu stellen, müssen Sie sie, auch wenn sie noch so stabil zu stehen scheinen, unbedingt zusätzlich absichern. Dafür eignen sich Riemen, dünne Drahtseile oder Ketten, die Sie um die Kästen schlingen und an einem in die Wand gedübelten Haken befestigen.

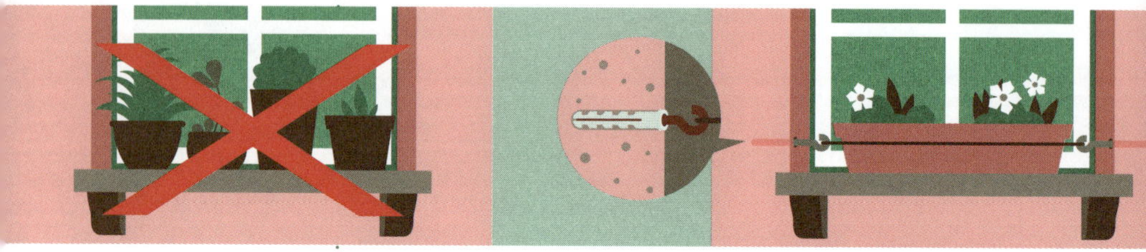

Weniger ist auf keinen Fall möglich, wenn Sie vermeiden wollen, dass bei stürmischem Wetter unschuldige Spaziergänger unter Ihrem Fenster von brandgefährlichen Blumengeschossen getroffen werden.

Topf-Hygiene

Gepflanzt wird nur in saubere Töpfe. Um aus gebrauchten, stark verschmutzten Ton-, Stein- oder Terrakottatöpfen Erd- und Wurzelreste und damit auch etwaige Pilzsporen zu entfernen, verwenden Sie Wasser und eine hartborstige Rundbürste. Die ideale Blumentopfbürste besteht aus einem kräftigen Borstenmaterial, z. B. aus Bahia, das üblicherweise für Straßenbesen verwendet wird.
Natürlich können Sie sich auch mit einer ganz normalen Toiletten-Rundbürste behelfen. Das ist nicht so elegant, aber ähnlich effizient.
Kunststofftöpfe lassen sich gut mit Seifenlauge und der rauen Seite eines Küchenschwamms reinigen. Spülen Sie danach die Töpfe aber unbedingt sehr gründlich mit warmem Wasser aus. Es sollten keine Seifenreste im Topf verbleiben.

Frostschutz für Töpfe

Nicht alle Töpfe sind automatisch frostfest. Fragen Sie beim Kauf nach. Im Zweifelsfall umwickeln Sie große Töpfe entweder mit Luftpolsterfolie oder – ökologisch wertvoller – mit Schilfmatten oder Jutesäcken. Damit sie auch von unten nicht frieren können, stellt man sie auf Styroporplatten oder zumindest erhöht auf; z. B. auf drei Ziegelsteine.
Frostgefährdete Gefäße können Sie auch schon beim Bepflanzen vor Sprüngen schützen. Sie schlagen sie einfach mit einer Luftposterfolie aus, bevor Sie sie mit Erde auffüllen.
Die luftgefüllten Bläschen federn den Druck ab, der entsteht, wenn die Erde bei Frost hart wird und sich ausdehnt.

Erde

**Sie kennen das bestimmt: Sie stehen im Gartengrünmarkt Ihres Vertrauens vor den Regalen, über denen das euphemistisch simpel klingende Schild „Blumenerde“ prangt, und wissen vor lauter Auswahl nicht, zu welchen Säcken Sie greifen sollen: „Kübelpflanzenerde“, „Balkonblumenerde“, „Kakteenerde“, „Komposterde“, „reiner Rindenhumus“ „Torffreie Erde“, „Blumenerde mit Hochmoortorf“ oder gar „Friedhofserde“.
Häh? Was denn nun?**

Guter Rat ist weniger teuer, als Sie glauben, wenn Sie sich an ein paar kleine Faustregeln halten:

- Finger weg von Billigerde aus Supermarktsonderangeboten. Sie enthält mit ziemlicher Sicherheit einen zu hohen Torfanteil.
- Lassen Sie sich nicht vom schönen Schein täuschen, der Ihnen eingibt, dass besonders feine, schwarze Erde auch besonders gute Erde ist. Das Gegenteil ist der Fall. Grobfasrige Erde ist immer besser als feinkörnige. Letztere neigt zum Verkleben und nimmt dadurch den Wurzeln die Luft zum Atmen.
- Für Zimmerpflanzen verwenden Sie niemals normale Gartenerde, sondern speziell gemischte und zubereitete Blumenerde für Zimmerpflanzen. Urbane Gärtner kaufen sie einfach fertig gemischt im Fachhandel: Die meisten Zimmerpflanzen brauchen einen ph-Wert zwischen 5,5 und 6,5.

Zu viel Torf führt dazu, dass das Gießwasser einfach abfließt, ohne die Erde im Blumentopf gründlich zu durchfeuchten. Ihre Pflanzen trocknen dadurch allzu leicht aus.

- Für Balkon oder Terrasse eignen sich die meisten Blumenerde-Standardmischungen, solange sie nur von guter Qualität sind. Das bedeutet, dass sie hochwertigen Kompost und nicht zu viel Torf enthalten. Außerdem sind sie mit wasserspeichernden Tonteilchen versetzt und vorgedüngt, wodurch Ihre Topfpflanzen einige Zeit ausreichend Nährstoffe bekommen.

- Kleine Sträucher und Bäume brauchen als Kübelpflanzen etwas mehr als herkömmliche Blumenerde, nämlich eine Mischung aus Gartenerde, Kompost, Ton und Sand. Es gibt sogenannte Dachgartenerde, die all das Gewünschte bereits enthält.

- Mischen Sie wasserspeichernde Trockenkristalle unter die Topferde. Sie helfen dabei, dass die Erde an heißen Standorten nicht so schnell austrocknet. Trockenkristalle erhalten Sie ebenfalls in jedem gut sortierten Gartenfachhandel.

- Um sich wirklich gut entwickeln zu können, brauchen manche Pflanzen spezielle Erdzusammensetzungen, die Sie bereits fertig abgemischt in Gartenmärkten kaufen können. Dies gilt insbesondere für Orchideen, Kakteen, Azaleen, Hortensien oder Farne. Für diese Spezialisten gibt es auch eigene Düngermischungen.

Sie leisten einen Beitrag zum **Schutz von Torfmooren**, wenn Sie keine Erden mit Torfanteil mehr kaufen oder zumindest den Torfanteil gering halten. Es gibt mittlerweile einige Alternativen – ein guter Torfersatz sind Kokosfasern oder Rindenhumus.

Das 1x1 des Ein- und Umtopfens

Sie können einen noch so guten grünen Daumen haben – wenn Sie beim Ein- und Umtopfen Ihrer Pflanzen schludern, hilft er Ihnen herzlich wenig. Beherzigen Sie einfach folgende kleine Regeln. Ihre Topfpflanze wird es Ihnen danken!

- Kleinere Pflanzen gehören jedes Jahr umgetopft, große alle zwei bis drei Jahre. Wenn Sie vor lauter Wurzelwerk schon beinahe keine Erde mehr an der Topfoberfläche sehen und die Wurzeln schon aus dem Drainageloch im Topfboden herauskriechen, ist es höchste Zeit.

- Versuchen Sie unbedingt zu vermeiden, Ihre Topfpflanzen während der Blütezeit und/oder der Winterruhe umzutopfen! Sie würden es ja auch nicht schätzen, wenn man Sie von der Tanzfläche holte oder aus dem Tiefschlaf risse! Für die meisten Pflanzen ist das Frühjahr, also der Beginn der Wachstumsphase, die beste Umtopfzeit.

- Gebrauchte Topf-Erde gehört entsorgt und sollte nicht ein zweites Mal verwendet werden. Erstens könnte sie Krankheitskeime enthalten, die der neuen Pflanze das Leben unnötig schwermachen, und zweitens ist sie vermutlich ausgelaugt und ohne frische Nährstoffe.

- Wenig ist mehr: Wenn Sie eine Pflanze umtopfen, wählen Sie einen Topf, dessen Durchmesser nur um ein bis drei Zentimeter größer ist als der des alten Topfs. Wenn Sie eine Pflanze nämlich aus ihrem engen alten Quartier in ein sehr viel geräumigeres umsiedeln, kommt sie leicht auf die Idee, alle Energie auf neue Wurzelbildung zu verschwenden und darüber das oberirdische Wachsen und Blühen zu vergessen.

- Dasselbe gilt für frisch gekaufte Pflanzen: Auch hier soll der neue Topf nur wenig größer sein als der Plastiktopf, in dem die Pflanze Ihnen verkauft wurde.

- Umsetzen beschert einer Pflanze so etwas wie einen Schock. Stellen Sie es sich einfach als Umzug in eine völlig neue Wohnung vor. In den Tagen danach ist die Pflanze empfindlicher als sonst. Sie braucht eine gewisse Eingewöhnungsphase, in der Sie sie mit besonderer Aufmerksamkeit behandeln und beobachten sollten.

Platzieren Sie Töpfe leicht erhöht auf Ziegeln, Steinen oder Holzblöckchen. Das verhindert zusätzlich, dass sich die Drainagelöcher im Topfboden verstopfen.

Umtopfen Schritt für Schritt

Schritt 1

Stülpen Sie die Pflanze über Kopf aus ihrem alten Topf in Ihre Hand. Umgreifen Sie dabei möglichst den ganzen Ballen, damit er nicht auseinanderfallen kann. Wenn das doch passieren sollte: Keine Sorge! Achten Sie nur darauf, dass Sie nicht zu viele Wurzeln abreißen oder verletzen.

Schritt 2

Feuchten Sie den Wurzelballen der Pflanze, die Sie einsetzen wollen, gut durch. Ist der Ballen sehr dicht verwurzelt – was besonders beim Umtopfen häufig vorkommt –, können Sie ihm ruhig ein einstündiges Wasserbad verpassen, bevor Sie ihn einsetzen.

Stachel-Alarm!
Zum Umtopfen von Kakteen ziehen Sie sich am besten dicke Lederhandschuhe an! Zusätzlich hilft es, wenn Sie Ihren Kaktus fürs Umtopfen dick in Zeitungspapier oder ein Handtuch einpacken und verschnüren. Große Kakteen topfen Sie am besten mit der Hilfe eines ebenfalls handschuhbewehrten Assistenz-Gärtners um!

Schritt 3

Der Wurzelballen gehört ein bisschen aufgelockert, damit sich die Wurzeln gut in der neuen Erde ausbreiten können und nicht einfach wie angebunden dort verharren, wo sie sind. Dazu zupfen Sie einfach vorsichtig Wurzeln aus dem Ballen heraus und drücken mit den Fingern Öffnungen in die Ballenwand. Manchmal ist der Wurzelballen so dicht, dass Sie ein bisschen energischer vorgehen und ein wenig an den Wurzeln reißen müssen. Achten Sie jedoch darauf, sie so intakt wie möglich zu halten.

Schritt 4

Den Topf bereiten Sie so vor: Über die Drainagelöcher im Topfboden legen sie je eine gewölbte Tonscherbe oder einen Stein. Das verhindert, dass die Löcher rasch von Erde verstopft werden. Im Idealfall kommt darüber noch eine ganze Drainageschicht. Dafür eignen sich Tonscherben, Blähtonkugeln oder auch Steine. Je mehr Hohlräume durch die Drainageschicht entstehen, desto besser funktioniert das Durchsickern des überschüssigen Gießwassers.

Schritt 5

Über die Drainageschicht schütten Sie die Erde. Machen Sie den Topf halb voll, setzen Sie dann den Pflanzenballen so darauf, dass die Oberseite des Ballens etwa zwei Zentimeter unter dem Topfrand liegt. Danach füllen Sie – ebenfalls bis zu dieser Höhe – rundherum mit Erde auf und drücken diese etwas fest.

Schritt 6

Gießen Sie die Pflanze vorsichtig, aber ausgiebig an und stellen Sie sie nicht sofort in die pralle Sonne. Zum Eingewöhnen sind ein, zwei Tage im Schatten oder Halbschatten besser.

Anleitung zum Umtopfen

1. Vorsichtig umstülpen
2. Wurzelballen durchfeuchten
3. Wurzelballen auflockern
4. Drainageloch abdecken
5. Pflanze eintopfen
6. Halbschattiges Plätzchen suchen

Mini-Wassergärten

Nicht nur in Gärten, auch auf Balkonen oder Terrassen ist Platz für Klein-Biotope. Mit Folien ausgelegte Bottiche oder Schalen ergeben herrliche Miniaturwassergärten. Weil sich in ihnen aufgrund ihrer Kleinheit kein stabiles Ökosystem entwickeln kann, müssen Sie ein bisschen nachhelfen: Verdunstetes Wasser gehört nachgefüllt und manchmal sogar ganz ausgetauscht – nämlich bei starkem Algenbefall. Der entsteht im Mini-Teich durch die rasche Wassererwärmung und ein Überangebot an Nährstoffen. Sehr günstig ist deshalb ein halbschattiger Platz, der täglich nicht mehr als fünf oder sechs Sonnenstunden abbekommt. Der Raum ist knapp. Setzen Sie in Bottichen oder Schalen also nicht mehr als zwei oder drei verschiedene Wasserpflanzen: Ideal sind kleinwüchsige Blütenpflanzen wie das kriechend wachsende, gelbblütige Pfennigkraut, die Sumpfdotterblume oder die helllila Schwanenblume. Auch Zwergseerosen wie die weiße *Nymphaea tetragona* und der kleine Rohrkolben, der im Gegensatz zu seinem großen Bruder nicht so wild wuchert, sind für Mini-Wassergärten geeignet. Als Schattenspender bietet sich die Wasserlinse an, die frei schwebend an der Wasseroberfläche treibt. In tieferen Bottichen oder Fässern sorgen einige übereinandergestapelte Ziegel für die richtige Wasserstandstiefe der Tiefwasser-, Flachwasser- und Sumpfzonenpflanzen. Sie stellen die Pflanzkörbe, in denen Ihnen Ihre Wasserpflanzen im Gartencenter verkauft worden sind, auf die Ziegel und beschweren sie zur Not auch noch mit Schotter, damit sie nicht aufschwimmen.

Topfrecycling

Werfen Sie gesprungene oder zerbrochene Tontöpfe nicht weg. Stattdessen können Sie sie als perfektes Drainageschicht-Material recyceln. Zu diesem Zweck müssen Sie die Tontöpfe mit dem Hammer in Scherben schlagen. Da der Ton sehr porös ist, springen dabei leicht Splitter ab, mit denen Sie sich böse im Gesicht, besonders im Auge verletzen können. Achten Sie beim Zerkleinern von Tontopf-Stücken also stets darauf, dass Ihre Augen und Ihre Gesicht geschützt sind. Wenden Sie entweder den Kopf ab, setzen Sie eine Schutzbrille auf oder legen Sie die Stücke unter ein Stück Tuch oder Leinwand.

Nasskur

Wenn die heiße Zeit des Jahres vorüber ist, ist der richtige Zeitpunkt, um sich einmal mit dem Zustand der Erde in Ihren Blumentöpfen auf Terrasse, Balkon und in der Wohnung zu befassen. Ein kleiner Gieß-Test gibt Aufschluss über den Handlungsbedarf.

Wenn Sie Ihre Töpfe beim Bepflanzen bis zum Rand mit Erde füllen, haben Sie jedes Mal beim Gießen eine kleine Erd-Wasser-Überschwemmung. Daher: Lassen Sie einen **Fingerbreit Abstand** zwischen Erde und Topfrand.

Wenn das Wasser beim Gießen ungebremst gleich wieder unten aus dem Topf herausrinnt, dann ist das ein Hinweis darauf, dass die Erde vollkommen ausgetrocknet, zusammengebacken und verdichtet ist. Der gesamte Erdballen der Pflanze ist dadurch so geschrumpft, dass das Wasser einfach rundherum vorbei – und direkt unten rausfließt. Bleibt das Wasser beim Gießen überhaupt gleich oben auf der Topferde stehen, dann ist das das sichere Zeichen dafür, dass der Nährboden insgesamt verklebt ist und das Wasser weder in ihn hinein-, noch aus dem Topf herauskann. Das Resultat: Der Erdballen hat in beiden Fällen keine Chance, beim Gießen feucht zu werden und Nährstoffe aufzunehmen. Natürlich passiert so etwas in kleinen Töpfen mit wenig Erde schneller als in großen – und besonders leicht passiert es über den Sommer, weil da die Wachstumsphase der Pflanzen, in denen sie viele Wurzeln ausbilden, mit größerem Feuchtigkeitsbedarf zusammenfällt.

Aber: Kein Grund zur Aufregung. Es gibt einfache Gegenmittel, sowohl gegen ausgetrocknete Ballen als auch gegen verklebte Nährböden. In beiden Fällen lockern Sie erst einmal vorsichtig die Erde. Am besten funktioniert das mit einer kleinen Handkralle, meistens reicht aber auch eine ganz normale Speisegabel aus, um die Erde wieder aufzulockern. Häufig geht es auch, indem Sie den zusammengebackenen Ballen einfach verkehrt herum aus dem Topf kippen und draußen auflockern. Achten Sie darauf, nicht zu viele Wurzeln zu verletzen. Ist die Erde etwas durchlässiger geworden, stellen Sie den ganzen Topf in ein handwarmes Wasserbad.
Der ganze Ballen soll unter Wasser sein. Dort bleibt er, bis keine Luftblasen mehr aufsteigen. Das Einwässern drückt die Luft aus dem Ballen, die dafür mit verantwortlich ist, dass der Ballen beim Gießen nicht mehr durchfeuchtet werden kann. Nach dem Bad lässt man das überschüssige Wasser gut ablaufen, damit die Wurzeln wieder Sauerstoff aufnehmen können und nicht faulen. Eine solche Nasskur wirkt oft Wunder.

Töpfe light

Große bepflanzte Blumentöpfe können verdammt schwer werden. Mit ein paar einfach Tricks können Sie eine Menge Gewicht sparen: Eine besonders dicke Schicht Blähton oder Styropor (wenig umweltschonend, weil nicht verrottbar) auf dem Topfboden spart ein paar Kilo.

Ebenso hilft beim Gewichtsparen ein verkehrt herum in einen großen Tontopf gestellter kleinerer Plastiktopf, um den herum man Blähton und darüber Erde schüttet.

Aber Achtung: Übertreiben Sie nicht bei der Gewichtsreduktion, sonst haben die Pflanzen am Ende zu wenig Erde und Nährstoffe.

4 Pflegen

Gut gepflegt ist halb gewonnen: Damit bei Ihren Topfpflanzen alles im grünen Bereich bleibt, gibt es hier einen kleinen Grundkurs in Sachen Gießen, Düngen, Schneiden und Aufbinden. Außerdem erfahren Sie alles über den richtigen Umgang mit Vasenblumen, wie Sie Ihre Pflanzen heil über den Winter bringen und welche Pflege Sie Ihren Zimmerpflanzen angedeihen lassen sollten. Und vergessen Sie nicht: Auch der Gärtner selbst will gepflegt sein!

Gießen

Ohne regelmäßiges Gießen geht auf dem Balkon gar nichts. Es ist zwar keine große Wissenschaft, aber Sie können trotzdem einiges falsch machen.

Wie, wann, wo?

Gießen Sie niemals bei vollem Sonnenschein in der größten Mittagshitze – die Wassertropfen wirken dann auf den Blättern wie kleine Brenngläser.
Abendliches Gießen hingegen tut Ihren Pflanzen sehr gut. Der einzige kleine Einwand dagegen ist, dass die Feuchtigkeit, die über Nacht schlechter austrocknet als in der Sonne des Tages, den Schädlingsbefall begünstigt und Schnecken, Pilze und andere Feinde des Gärtners auf diese Art feucht-fröhliche Bedingungen für ihre gemeinen Umtriebe vorfinden. Die allerbeste Zeit fürs Gießen ist daher der Morgen. Des Gärtners Morgenstund' hat praktisch immer Gold im Mund.

Im Sommer kann es leicht vorkommen, dass Ihre Topfpflanzen zweimal täglich Wasser brauchen. Wann genau? Machen Sie sich darüber keine großen Gedanken: Ihre Pflanzen teilen Ihnen durch schlapp herunterhängende Blätter unmissverständlich mit, wann ihr Durst unerträglich wird. Besser ist es natürlich, wenn Sie ein bisschen Weitblick beweisen und schon gießen, bevor es so weit kommt. An sehr sonnigen Plätzen erspart es Ihnen Arbeit und Sorgen, wenn Sie die Erde Ihrer Topfpflanzen schon von vornherein mit wasserspeichernden Tonkugeln vermischen, die Sie im Fachhandel bekommen.
Gießen Sie nicht von oben auf die Blätter. Die meisten Pflanzen können das nicht ausstehen, außerdem begünstigen die nassen Blätter Schädlinge. Besser ist es, wenn Sie unterhalb der Blätter direkt in die Erde gießen.

Für alle Schlauchgießer ein kleiner Rat: Sie sind nicht von der Feuerwehr! Gießen Sie also nicht mit einem dicken Hochdruckstrahl, als hätten Sie in Ihren Töpfen einen Großbrand zu löschen. Was Sie brauchen, ist eine weiche bis mittelfeste Brause. Wenn Sie einen stufenverstellbaren Brausepistolen-Aufsatz auf Ihren Gartenschlauch montieren, sind Sie bestens bedient.

Gießen mit Gefühl

Das Gießen von Zimmerpflanzen braucht ein bisschen Augenmaß und Fingerspitzengefühl. Im wahrsten Sinn des Wortes: Damit Sie weder zu viel noch zu wenig gießen, empfiehlt es sich, wenn Sie mit dem Finger die Erde kontrollieren und nur dann gießen, wenn die Erde nicht mehr feucht ist. Gießen Sie eher häufig und wenig als seltener und dafür viel.
Weil es weniger spritzt, neigen Zimmergärtner dazu, ihre Pflanzen von unten – sprich über den Untersetzer – zu gießen. Tatsächlich ist es besser, Zimmerpflanzen von oben zu gießen, damit das Gießwasser durch die ganze Erde hindurch zu den Wurzeln gelangt. Wenn Sie stattdessen einfach Wasser in den Untersetzer füllen, kommen die Wurzeln zwar rasch zu Wasser, es besteht aber auch größere Gefahr, dass die Pflanze zu lange Zeit mit nassen Füßen herumsteht.

Fingerprobe

Welche Pflanze gießen Sie wie viel? Dafür gibt es leider kein Patentrezept. Manche Pflanzen wie Oleander, Engelstrompe-

Kakteen-Gießen
Kakteen brauchen regelmäßig Wasser. Trotzdem gilt: Lieber einmal zu wenig gegossen als einmal zu viel. Die meisten Kakteen halten es gut einen Monat ohne Wasser aus. Gießen Sie erst wieder, wenn die Topferde Ihres Kaktus auch wirklich vollkommen durchgetrocknet ist. Im Winter können Sie zumeist ganz aufs Gießen verzichten.

ten oder Clematis sind große Wassertrinker, andere – z. B. viele Dickblattpflanzen – kommen mit weniger über die Runden. Es hängt auch davon ab, ob es einer Pflanze in ihrem Topf schon zu eng geworden ist. Machen Sie die Fingerprobe: Das bedeutet nichts anderes, als dass Sie mit einem Finger prüfend die Topferde befühlen. Ist Sie noch feucht, können Sie mit dem Gießen noch warten oder nur ein bisschen nachwässern. Wenn Sie staubtrocken ist, ist es höchste Eisenbahn. Im Laufe der Zeit werden Sie so ein Gefühl für die Trinkgewohnheiten Ihrer grünen Mitbewohner entwickeln.

Regenwasser ist besonders weich und deshalb auch ein besonders feines Gießwasser für Pflanzen, die auf kalkhaltiges, hartes Wasser empfindlich reagieren. Wenn Sie genug Platz haben, können Sie eine kleine Plastiktonne aufstellen und das himmlische Wasser darin sammeln.

Wasservorlieben

Kalt-warm-Wechsel schätzen Ihre Zimmerpflanzen gar nicht. Lassen Sie das Leitungswasser, mit dem Sie wässern, vor dem Gießen ein bisschen abstehen, damit es Zimmertemperatur annimmt. Wichtig ist außerdem der ph-Wert des Wassers. Ist das Wasser zu hart, reagieren viele Pflanzen auf Dauer empfindlich, weil sie ein leicht saures Milieu von ph-Werten zwischen 5,5 und 6,5 bevorzugen. Hartes Wasser enthält eine verhältnismäßig hohe Salzmenge, ist daher leicht alkalisch (ph-Werte über 7) und erhöht deshalb mit der Zeit den ph-Wert der Pflanzenerde. Hartes Wasser lässt sich mit einer simplen, aber etwas zeitaufwendigen Methode weicher machen: Man füllt Torf in ein Stoffsäckchen und hängt dieses für mindestens 24 Stunden ins Gießwasser. Für zehn Liter Wasser reicht ein Liter Torf vollkommen aus. Torf ist leicht sauer und senkt daher den ph-Wert des Wassers. Noch einfacher geht es mit ein paar Spritzern Zitronensaft.

Oben rein, unten raus

Wenn das Gießwasser ohne zu Versickern auf der Topferde stehen bleibt oder ungebremst oben rein und gleich unten durch das Loch im Topfboden wieder herausrinnt, dann bedeutet das, dass die Erde ausgetrocknet, zusammengeschrumpft und undurchlässig ist. Abhilfe finden Sie auf Seite 85.

Düngen

Die drei wichtigsten Nährstoffe, die Pflanzen brauchen, sind Stickstoff, Kalium und Phosphor. Manche brauchen mehr vom einen, manche mehr vom anderen.

Jeder Dünger enthält die drei wichtigsten Pflanzennährstoffe in unterschiedlichen Mischverhältnissen. (Auf den Düngerpackungen finden Sie genauere Angaben dazu, für welche Pflanzen welcher Dünger geeignet ist.)
In der Natur liefert das Erdreich den Wurzeln ausreichend Nachschub. Topfpflanzen habe es da schwerer, weil sie zur Gänze auf die im Verhältnis geringe Menge Erde im Topf angewiesen sind. Die Nährstoffe darin sind oft bereits nach ein paar Wochen verbraucht, es herrscht Nährstoffmangel. Dieser Mangel macht Ihre Pflanzen schwächlich und krankheitsanfällig. Das ist der Grund, warum regelmäßiges Düngen für Topfpflanzen so besonders wichtig ist.
In der Wachstumsperiode und während der Blütezeit haben Zimmer- und Balkonpflanzen sogar einen erhöhten Bedarf an Nährstoffen. In dieser Zeit gehören sie alle zehn bis 14 Tage gedüngt. Am besten geht das mit Flüssigdünger, den Sie einfach – laut Dosierungsangaben auf der Flasche – mit dem Gießwasser mischen.

Langzeitdünger

Langzeitdünger mischen Sie schon beim Einpflanzen unter die Topferde. Sie versorgen Ihre Pflanzen auf drei bis vier Monate mit dem Nötigsten. Für Gemüse und Kräuter sind unter die Pflanzerde gemischte Hornspäne, die gute Stickstofflieferanten sind, ein idealer biologischer Langzeitdünger.

Es gibt sie in jedem Gartenmarkt in kleinen Säcken zu kaufen. Bei Ihren Zierpflanzen legen Sie es natürlich mehr auf ein üppiges Blütenmeer an: Damit das einen ordentlichen Boost bekommt, verwenden Sie am besten Mineraldüngestäbchen oder -kügelchen, die Sie in die Erde stecken oder mischen. Sie wirken normalerweise bis zu sechs Monaten.

Wurmgold

Wenn Sie besonderen Ehrgeiz entwickeln wollen und gern exzentrischen Freizeitbeschäftigungen nachgehen, hier ein Tipp: Der ideale Bio-Dünger für Topfpflanzen trägt den schönen Namen Wurmgold. Die Produzenten des ungeheuer nährstoffreichen Materials sind die Regenwürmer. Ihre kleinen Wurmgoldhäufchen sammeln Sie am besten mithilfe eines Teelöffels nach starken Regenfällen auf noch feuchten Wiesen. Getrocknet und in fein zerbröselter Form ist der Regenwurmauswurf ein exzellenter Streudünger für Topfpflanzen. Wurmgold enthält siebenmal so viel Stickstoff, dreimal so viel Kali, doppelt soviel Phosphor und Kalk und sechsmal so viel Magnesium wie die beste Gartenerde.

Chemie oder Bio

Sie haben die Wahl: Wollen Sie organisch oder mineralisch düngen, anders ausgedrückt: biologisch oder mit Chemie? Das bleibt Ihnen überlassen. Am meisten bewährt sich eine Mischform. Klar ist allerdings, dass Sie Ihre Gemüse und Ihre Kräuter besser biologisch ernähren.

Eine gute biologische Phosphorquelle ist Knochenmehl. Hornspäne liefern Stickstoff, Holzasche Kalium. Ein echter, bei uns allerdings nicht ganz leicht zu erhaltender Universaldünger ist Seetang, den es auch in Pulverform zu kaufen gibt.

Abgesehen davon wirft Ihr Haushalt eine überraschend große Zahl an Abfallprodukten ab, die Sie bestens als biologischen Dünger recyceln können: Als Gießwasser spendet ausgekühlter Sud von gekochten Kartoffeln Topfpflanzen neue Stärke – die Kartoffelstärke wirkt wie ein Dünger. Holzkohle aus Kachelöfen ist ein guter Naturdünger, vor allem für Pflanzen, die viel Kalium brauchen. Dazu gehören z. B. alle Lauchgewächse – von Schnittlauch und Stangenlauch bis zu allen großblütigen Zierlaucharten. Teeblättersud ist ein guter Dünger für Kamelien, die ja zur Familie der Teepflanzen gehören. Kaffeesatz tut Rhododendren, Rosen und Geranien gut. Eierschalen sind gute Kalkspender: Alle Pflanzen, die kalkhaltige Böden schätzen (z. B. Rose, Buchs, Zinnie, Lavendel, Clematis, Petersilie, Sommerflieder, Aster, Erdbeere), freuen sich deshalb über die zerbröselten Überreste Ihres Sonntags-Frühstückseis. Wenn Sie wollen, können Sie sogar Ihre Mani- und Pediküre zum gärtnerisch relevanten Ereignis umdeuten: Vollblutgärtner schneiden sich nämlich nicht einmal ihre Finger- und Zehennägel, ohne ans Wohl ihrer Pflanzen zu denken.
Abgeschnittene Nägel sind ein guter Langzeit-Hornspan-Dün-

ger für Blumen und Sträucher. Einfach drüberstreuen und ein bisschen in die Erde einarbeiten.

Überdüngen

Eine kleine Warnung an Übereifrige: Was das Düngen anbelangt, kann man des Guten zu viel tun. Auf diesem Gebiet ist zu viel genau so schlecht wie zu wenig. Überdüngt man seine Balkon- und Zimmerpflanzen, schießen sie zwar hemmungslos in die Höhe, lassen darüber aber nicht selten das Blühen aus. Außerdem kann zu viel Dünger auch die Pflanzenwurzeln verbennen, weil es sich bei Düngern zumeist um Salze handelt. Halten Sie sich also an die Dosierungen, die auf den handelsüblichen Düngern angegeben sind.

Selbstgemachter Dünger auf Balkonen und Terrassen

Kein Problem! Auch das ist möglich. Sie nehmen einfach einen gewöhnlichen Müllsack, füllen ihn mit Blattlaub, gut zerkleinerten Pflanzenteilen, Rasenschnitt und Biomüll aus der Küche, feuchten das Gemisch gut an, mischen etwas Urgesteinsmehl aus dem Gartencenter darunter, sorgen dafür, dass regelmäßig Luft dazu kommt, und haben nach drei bis vier Monaten einen ziemlich guten Kompostdünger.

Schneiden, Stützen, Aufbinden

Wenn Sie Ihre Pflanzen zurückschneiden, ein bisschen trimmen, ihnen die welken Blüten abzwicken oder sie aufbinden, damit sie ordentlich ranken und blühen können, dann entspricht das der botanischen Variante von Körperpflege.

Anders formuliert: Theoretisch geht es eine Zeit lang auch ohne, aber die Ansehnlichkeit Ihrer Pflanzen leidet sehr und auf Dauer auch ihre Gesundheit.

Kleine Schnittschule

Schnipp, schnapp, schnappi: Ein Rückschnitt tut gut. Er verjüngt Sträucher und lässt sie buschiger wachsen. Das gilt auch für Ihre Sträucher in Töpfen und Trögen, etwa für Rosen, Clematis, Zwergflieder, Schmetterlingsstrauch oder Schneeball-Hortensie. Auch wenn sich die genauen Zeitpunkte für den Rückschnitt von Sorte zu Sorte unterscheiden (fragen Sie beim Kauf ruhig den Experten im Gartenfachhandel), gibt es doch ein paar generell gültige Regeln, an die Sie sich halten sollten.
Sträuchern, die wie die intensiv gelbblütige Forsythie im Frühjahr blühen, verpassen Sie am besten gleich nach der Blüte einen heftigen Rückschnitt, wobei Sie schwache, dünne Triebe und abgestorbenes, vertrocknetes Astwerk entfernen.

Die Sommerblüher unter den Sträuchern stutzen Sie im März oder April – idealerweise bevor sie voll austreiben und nachdem scharfe Spätfröste die Schnittwunden am Heilen hindern können. Rosen können Sie prinzipiell rund ums Jahr schneiden, wenn es notwendig ist. Ein regelmäßiger Saisonschnitt hält sie gesund und formschön. Sollen Ihre Kletterrosen die Mauern und Wände Ihrer Terrassen und Ihres Balkons auch im nächsten Jahr wieder mit üppigen Blüten zieren, gehören sie nach der Blüte um ein Drittel zurückgeschnitten. Dadurch verzweigen sie sich neu und entwickeln mehr Knospen. Ein starker Rückschnitt, der nur wenige Knospen am Strauch belässt, fördert wenige, dafür aber längere und stärkere Triebe. Leichter Rückschnitt sorgt für zahlreiche, aber dafür deutlich kürzere und schwächere Neutriebe.

Schneiden Sie – dieser Erkenntnis folgend – starke Rosentriebe schwach, schwache kräftig zurück.

Wichtig ist in jedem Fall trockenes Wetter, scharf geschliffenes Schneidgerät, das exakte und saubere Schnittstellen erzeugt, und ein wenig Wissen um die richtige Technik. Bei Trieben bis zu einem Zentimeter Durchmesser verwenden Sie eine Gartenschere, bis zu 2,5 Zentimetern eine Heckenschere und für dickere Äste eine Baumsäge. Der richtige Schnitt setzt etwas über einem Triebansatz an und verläuft schräg (niemals waagrecht), sodass die Schnittfläche vom Triebansatz weg zeigt. Unsaubere Schnitte führen leichter zu Infektionen, weil die Triebe dabei häufig gequetscht oder anderweitig verletzt werden. Ist der Schnittwinkel falsch, rinnt das Regenwasser in den Triebansatz hinein; setzt der Schnitt zu hoch über der Triebknospe an, besteht die Gefahr des Absterbens.

Die schönsten einjährigen Kletterpflanzen: Trichterwinde, gefiederte Sternwinde, rankende Kapuzinerkresse, Schwarzäugige Susanne, Purpurglocke, Duftwicke, Goldrebe, Feuerbohne

Rankhilfen

Kletterpflanzen brauchen Stäbe oder Rankgitter, an denen sie in die Höhe wachsen können. Auch großwüchsige Blumen wie Lilien oder Sonnenblumen sollten Sie ein bisschen abstützen, damit nicht ein einziger starker Windstoß ihre Blüten oder Stängel knickt und Sie mit gebrochenem Herzen vor einem solchen Desaster stehen müssen. Als Stützen eignen sich Bambusstäbe gut, aber auch Haselnussstecken, Weiden- oder Birkenruten (siehe Seite 25). Die Ruten sind verhältnismäßig biegsam – um sie in stabile Rankgerüste für Töpfe zu verwandeln, gehen Sie so vor: Nehmen Sie drei Ruten, stecken Sie sie an den Eckpunkten eines gedachten Dreiecks in den Topf und binden Sie sie oben zusammen. Das Rutenzelt ist ein gutes Rankgerüst z. B. für einjährige Sommerblüher wie Duftwicken und Trichterwinden, aber auch für Kletterpflanzen wie Geißblatt oder Clematis. Die Pflanzen können den Ruten entlang nach oben wachsen. Wenn sie nicht so wollen wie Sie – sondern z. B. eigensinnig alle auf einer einzigen Rute hinaufklettern –, lösen Sie sie vorsichtig aus ihrer gegenseitigen Umschlingung und führen Sie sie auf die gewünschten Ruten, indem Sie sie anbinden.

Aber Achtung: Wenn Sie Ihre Pflanzen lieben, rücken Sie ihnen ja nicht mit fest gezurrten Drahtschleifen zu Leibe. Wenn die Pflanze wächst und ihr Stängel dicker wird, schneidet ihr der Draht ins Fleisch und kann sie verletzen. Weichstängelige Pflanzen binden Sie deshalb besser mit weichem Bast an den Stützstäben auf. Gut geeignet sind auch Streifen von Nylonstrümpfen. Das Zauberwort dabei lautet: **Achterschleife**. Sie nehmen ein Stück Bast, legen es um die Rückseite des Stabs, kreuzen es an der Vorderseite, führen es dann um den Pflanzenstängel herum und binden mit einer Masche hinten zu. Dazwischen lassen Sie einen guten Zentimeter Spielraum. Ihre Pflanze wird es Ihnen danken!

Kleine Handgriffe für zwischendurch

Zur täglichen Gartenpflege gehören ein paar Handgriffe, die nicht viel Mühe kosten, aber viel bewirken. Vielleicht stellen Sie sogar fest, dass Sie die kleinen Rituale genießen, die die Freundschaft zwischen Ihnen und Ihren Pflanzen vertiefen. Ihrer Katze kraulen Sie ja auch zwischendurch das Fell.

Blütenrausch

Alle Gärtner sind scharf auf reiche Blüte. Ein klitzekleiner, unaufwendiger Trick, die Blühfreudigkeit Ihrer Pflanzen zu verlängern, besteht darin, ihnen regelmäßig die welken, abgeblühten Blüten abzuschneiden. Wieso? Das Abzwicken der alten fördert die Entwicklung neuer Blüten. Lassen Sie die welken Blüten dran, investiert die Pflanze viel Energie in die Entwicklung von Samen und Fruchtständen. Blütenpflanzen, die sehr vom Abzwicken ihrer welken Blüten profitieren, sind z. B. Begonien, Dahlien, Zinnien, Löwenmäulchen, Margeritenbäumchen, Verbenien, Petunien und alle Pelargonienarten.

Usambara-Veilchen geben es in Vermehrungsfragen besonders billig. Einfacher geht's wirklich nicht: Schneiden Sie ein paar gesunde, junge Blätter mit Stiel ab, stecken Sie sie in einen Topf mit Anzuchterde und gießen sie gut an. Dasselbe funktioniert auch bei Kamelien und einigen Kakteen (Weihnachtskaktus, Gliederkaktus).

Unkraut jäten

Das Unkrautjäten hat einen noch schlechteren Ruf als Novemberregen oder das Finanzamt. Lassen Sie sich davon nicht beirren. Als Kleinst- und Topfgärtner können Sie dem Thema Jäten mit Gelassenheit begegnen. Es wird Sie nicht über Gebühr beschäftigen. Außerdem ist es sowieso halb so schlimm, wenn Sie einen einzigen Ratschlag beherzigen, der da lautet: Wehret den Anfängen! Solange Unkräuter noch klein sind, lassen sie sich ganz leicht mit der Hand ausrupfen. Das macht nicht viel Arbeit. Eine wöchentliche Unkraut-Patrouille auf Ihrer Terrasse oder Ihrem Balkon reicht völlig aus. Sie zupfen da und dort ein bisschen und die Sache ist erledigt. Bleibt die Frage: Was ist ein Unkraut und was nicht?

Grundsätzlich ist alles, was Sie nicht selbst gesät oder gepflanzt haben, Unkraut. Sie müssen es deshalb aber noch lange nicht so behandeln. Manchmal siedeln sich durch Flugsamen sehr hübsche Pflanzen an. Der eine oder andere Löwenzahn, der von selbst aufgegangen ist, kann Ihnen durchaus gefallen.
Prinzipiell gilt: Alles, was zu wild wuchert und Ihren Pflanzen den Platz im Topf streitig macht, gehört raus. Sie lockern einfach mit einer Handkralle die Topferde ein bisschen auf und ziehen die Unkräuter mitsamt Wurzel heraus.
Wenn Sie ein Zuwandererpflänzchen sehen, das Ihnen vielversprechend aussieht, von dem Sie aber noch nicht wissen, was es wird, dann schlafen Sie einfach drüber und halten es unter Beobachtung.

Blattwäsche
Großblättrige Zimmerpflanzen legen im Lauf der Zeit gern ein bisschen Staub an. Sie können ihn einfach wegblasen oder – z.B. bei Gummibäumen oder anderen Pflanzen mit glatten, großen Blättern – vorsichtig mit einem feuchten Küchenkrepp abwischen. Pflanzen-Abstauben funktioniert auch mit feinen, weichen Federstaubwedeln gut. Im Sommer können Sie Ihre eingestaubten Pflanzen genauso gut nach draußen in einen sanften Sommerregen stellen oder mit der Schlauchbrause abduschen.

Kleines Vasenblumen-ABC

Lässt wieder einmal ein gestern frisch gekauftes Dutzend herrlicher Stielrosen, Dahlien oder Gerbera schon heute traurig die Köpfe hängen? Verzagen Sie nicht. Sie können die Haltbarkeit Ihrer Schnittblumen ganz leicht ein wenig verlängern:

Erst einmal: Schrubben Sie Ihre Vasen vor dem Befüllen immer unter heißem Wasser aus, damit Bakterienreste das Blumenwasser nicht verunreinigen können. Das beste Werkzeug für diesen Zweck – vor allem bei schmalen Vasen – sind langstielige Flaschenbürsten.

Zweite wichtige Regel: Die Stiele der frisch gekauften oder aus dem Garten geholten Blumen gehören **schräg angeschnitten**; und zwar nicht mit der Schere, sondern immer mit einem scharfen Messer. Die Schere quetscht die Leitungsbahnen im Stielinneren und macht den Effekt des frischen Anschnitts zunichte. Wenn Sie auf Nummer Sicher gehen wollen: Es schadet nicht, wenn Sie die Stielenden jeden Tag aufs Neue ein bisschen abschneiden.

Best of Vasenblumen von Balkon und Terrasse: Rose, Sonnenblume, Dahlie, Lilie, Aster, Zinnie, Ringelblume, Löwenmäulchen, Wicke, Sonnenhut.

Drittens: Entfernen Sie immer die unteren Blätter an den Stielen. Ins Wasser hängende Blätter fördern die Gefahr von Fäulnis, weil sie Bakterien eine günstige Verbreitungsmöglichkeit bieten. Ein altes Hausmittel – nämlich eine *Kupfermünze* am Vasenboden – beugt ebenfalls dieser Gefahr vor, weil diese den Stoffwechsel von Fäulnisbakterien stört. Wenn Sie eine alternativmedizinische Hausapotheke führen, können Sie in Zukunft Ihre **Rescue-Notfall-Tropfen** (eine Mischung verschiedener Bach-Blüten-Essenzen, die es in jeder Apotheke zu kaufen gibt) großzügig mit Ihren Schnittblumen teilen: Ein paar Tropfen Rescue im Vasenwasser lassen frisch geschnittene Blumen den Schock des Abgeschnitten-worden-Seins schneller überwinden. Auch leicht welke Schnittblumen erholen sich mithilfe dieser Tropfen sichtlich schneller.

Viertens: Stark kalkhaltiges Wasser ist den meisten Vasenblumen ein Graus. Neutralisieren Sie es mit einem Schuss **Zitronensäure**. Der Zitronensaft senkt außerdem den ph-Wert des Wassers, wodurch Bakterien weniger Chance haben.

Fünftens: Schnittblumennahrung, die Sie in kleinen Beuteln in Blumengeschäften und Gartenmärkten kaufen können, wirkt auf Ihre Vasenblumen wie ein Energy-Drink. Sie halten damit um bis zu 67 % länger. Die kleinen Beutel enthalten neben Zucker als Energielieferant auch noch desinfizierende und keimtötende Substanzen wie Zitronensäure oder Aluminiumsulfat.

Sechstens: Da Schnittblumen **wärmeres Wasser** besser und rascher aufnehmen können als kaltes, sollte Blumenwasser immer zumindest handwarm sein. Das gilt allerdings nicht für hartstielige Pflanzen wie Rosen oder Flieder. Diese lieben es kälter.
Sonnenblumen schätzen eine Spezialbehandlung:
Sie tauchen Sie mit den Stielenden kurz in kochendes Wasser und frischen sie dann in kaltem Wasser ein.

Es heißt, dass es **Glück** bringt, eine unregelmäßige Zahl von Schnittblumen zu einem Strauß zu binden: Also 3, 5, 7, 9, 11 usw. Der Aberglaube ist wohl auch der Grund dafür, dass auch Blumenläden meistens Sträuße mit unregelmäßiger Blumenzahl verkaufen.

Siebtens: Noch ein paar Spezial-Kniffe für die Vase:

- Eine Prise Salz im Blumenwasser macht Rosen haltbarer.
- Die Blütenköpfe von Gerbera sind oft zu schwer für ihre Stängel und knicken oben um. Umwinden Sie die Stängel deshalb vorbeugend mit grünem Draht.
- Tulpen haben die lustige Eigenart in der Vase noch ein bisschen weiterzuwachsen. Das lässt sich nicht verhindern. Wenn es Sie stört, können Sie die Stiele mit dem Messer unten ein bisschen stutzen.
- Ab und zu passiert es, dass frische Schnittblumen knapp unter der Blüte die Köpfe hängen lassen. Schneiden Sie einfach die eine oder andere Blüte ab und lassen Sie sie in einer schönen Schüssel mit Wasser schwimmen. Fertig ist der Indoor-Teich!
- Blumen aus dem eigenen Garten schneiden Sie am besten am frühen Morgen. Um diese Zeit stehen sie voll im Saft, sind am kräftigsten und frischsten.

DON'T: Hyazinthen in der Wohnung – egal ob als Vasen- oder Topfblumen - verströmen einen so intensiven Duft, dass man leicht Kopfweh davon bekommen kann. Sie sollten jedenfalls nicht in dem Zimmer stehen, in dem Sie schlafen. Dasselbe gilt für Lilien.

Trübe Glasvasen werden mit **Gebissreiniger-Tabs** wieder klar!

Was tun bei **übel riechendem Blumenwasser**? Die Antwort ist einfach. Wechseln Sie es. Dahlien brauchen z.B. täglich frisches Wasser. Wenn Sie das Wasser wechseln, spülen Sie auch gleich die Stiele der Schnittblumen unter fließendem Wasser ab und scheiden sie noch einmal schräg an. Falls Sie Schnittblumennahrung verwenden, reicht es, jeden Tag einfach ein bisschen frisches Wasser nachzugießen.

Ableger

Manche mögen mit Drogen handeln, Gärtner kennen nur eine einzige Sucht: den Handel mit Ablegern. Damit Sie beim nächsten Pflanzentauschmarkt in Ihrer Nachbarschaft mitmischen können, hier zwei einfache Pflanzenvermehrungstechniken.

1.

2. a
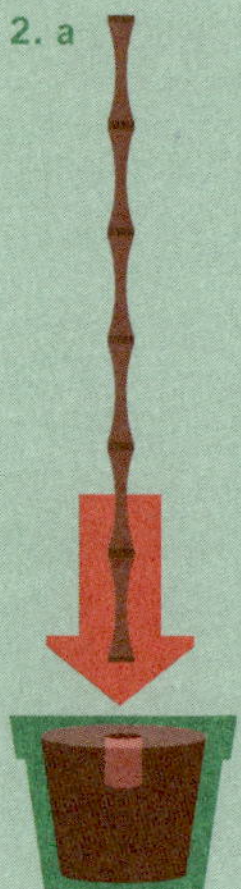

Bewurzelung im Wasserglas (Abb.1):
Manche Pflanzenableger bilden ganz leicht Wurzeln, wenn Sie sie ein paar Wochen bei gleichmäßigen Zimmertemperaturen von 20 bis 24°C in ein Wasserglas stellen. Dazu schneiden Sie mit einem scharfen Messer von der Mutterpflanze einen sogenannten Kopfsteckling ab, sprich eine Triebspitze, die über mindestens zwei, drei Blätter verfügt. Weitere Blätter entfernen Sie, die Schnittstelle muss immer im Wasser sein. Damit sich im Wasser keine Keime bilden, geben Sie zur Desinfektion ein kleines Stückchen Holzkohle ins Glas. Den bewurzelten Steckling setzen Sie in einen kleinen Topf mit nährstoffarmer Anzuchterde.
Pflanzen, die im Wasserglas Wurzeln schlagen, sind z. B.: Fleißiges Lieschen, Efeu, Buntnessel, Begonie.

2. b

Stecklingsvermehrung in Erde (Abb. 2a+b):
Sie schneiden weiche, sprich noch nicht verholzte Kopf- oder Triebstecklinge (s.oben) ab, die wiederum mindestens drei Blätter besitzen. Am besten ist es, wenn Sie direkt unter der Verdickung eines Blattknotens abschneiden. Die Stecklinge setzen Sie direkt in kleine, mit Anzuchterde gefüllte Töpfchen, indem Sie sie ein, zwei Zentimeter tief in ein mit einem Bambusstäbchen vorgedrücktes, kleines Loch stecken und die Erde rundherum vorsichtig andrücken. Etwaige Blüten oder Knospen müssen Sie entfernen – sie lenken die kleinen Ableger nur vom Wurzelschlagen ab. Die ersten Wurzeln entwickeln sich nach vier bis fünf Wochen.
Diese Vermehrungstechnik eignet sich z. B. für: Pelargonie, Fuchsie oder Azaleen.

Luft und Licht

Nicht jeder Standort eignet sich gleich gut. Wenn Sie einige generelle Dinge beachten, kann aber nicht viel schiefgehen.

Warmluft, Zugluft, Luftveränderung

Heizen Sie Ihren Zimmerpflanzen nicht von unten ein. Sie goutieren es nicht, direkt über einem Heizkörper zu stehen. Von unten aufsteigende Heißluft ist eine sichere Methode, um Zimmerpflanzen rasch den Garaus zu machen.

Die meisten Zimmerpflanzen reagieren außerdem äußerst empfindlich auf Zugluft. Wenn Sie Pflanzen aufs Fensterbrett stellen wollen, sollten es besser Fenster sein, die Sie nicht regelmäßig aufmachen möchten – schon gar nicht bei Minustemperaturen. Das hat umgekehrt den Vorteil, dass Sie Ihre Fensterbank zum Lüften nicht abräumen müssen.

Topfpflanzen haben in der Regel eine unflexible Hausmeister-Mentalität und sind – wenn sie sich einmal irgendwo wohl fühlen – Veränderungen äußerst abgeneigt. Hat sich eine Topfpflanze einmal an ihren Standort gewöhnt, ist es riskant, sie woanders hinzustellen. Gerade Zimmerpflanzen reagieren mitunter ziemlich verschnupft auf Standortwechsel. Wenn es also nicht unbedingt nötig ist, lassen Sie sie an ihrem angestammten Platz.

Wendiger Wuchs

Draußen wie drinnen wachsen Pflanzen immer in Richtung ihrer Lichtquelle. Diese Eigenschaft heißt Lichtwendigkeit oder Phototropismus. Auf eine Veränderung des Lichteinfalls reagieren einige Pflanzen besonders empfindlich: Weihnachtskakteen, Kamelien oder Wachsblumen rächen Standortveränderungen während ihrer Entwicklungsphase mit sofortigem Knospenabwurf – dazu reicht es manchmal schon, wenn nur der Topf gedreht wird. In diesem Fall: Mit einem Stift die Seite des Topfes markieren, die dem Licht zugewandt ist.

Sonnenbrand

Keiner sitzt gerne den ganzen Tag ungeschützt in der prallen Sonne. Das gilt auch für Ihre Pflanzen. Am liebsten sind ihnen Standorte, die ihnen zumindest einige Tagesstunden über Schatten oder Halbschatten bieten. Auf diese Art trocknen sie weniger leicht aus und Sie haben länger etwas von den Blüten, weil sie nicht so rasch verwelken.

Auch für Zimmerpflanzen gilt: Wer glaubt, dass südseitig gelegene Fenster der ideale Platz sind, irrt. Außer der längsten Tageslichtdauer und großer Lichtmenge bietet diese Lage nur Nachteile: Sogar Kakteen muss man in Südfenstern durch Beschattung vor der vollen Sonneneinstrahlung schützen, weil sich die Fensterscheiben so stark aufheizen. Die Lufttrockenheit wird schnell zu hoch, durch Gießfehler können Blätter in der Hitze verbrennen und Pflanzenballen in den Töpfen sehr leicht austrocknen. Wenn es nicht anders geht, sollten Sie jedenfalls sehr auf der Hut sein.

Sollten Sie nur **sonnseitige** Fenster haben, lassen Sie einfach während der heißesten Stunden des Tages die Jalousie runter, um Ihre Pflanzen auf der Fensterbank zu schützen. Lieber ein paar Stunden weniger Licht als verbrannte Pflanzen!

Wind und Wetter

Wind und Kälte können Ihren Pflanzen ordentlich zu Leibe rücken. Ein paar Schutztechniken helfen weiter.

Windschutz

Auf Terrassen und Balkonen ist es oft sehr windig. Bis Setzlinge und junge Pflanzen kräftig genug sind, sollten Sie sie in Töpfen vor starkem Wind schützen. Am leichtesten geht das mit einem Glas- oder Plastik-Sturz, den Sie einfach über die Pflanze stülpen und immer wieder lüften. Gut eignen sich dafür auch mit Luftlöchern versehene Plastikflaschen, denen Sie den Flaschenboden abgeschnitten haben.

Starker Wind setzt vor allem im Winter den Pflanzen sehr zu – auch und gerade den frostharten, die Sie draußen lassen können. Besonders gefährdet sind immergrüne Pflanzen wie Buchsbaum oder Stechpalmen, die auf Dachterrassen oder exponierten Balkonen stehen. Sie verlieren ständig Flüssigkeit und es passiert leicht, dass auch völlig winterharte Pflanzen verdorren, weil der Winterwind sie ausgetrocknet hat. Wenn dazu die Topferde noch anfriert, haben die Pflanzen gar keine Möglichkeit mehr, an Wasser zu kommen. Das Gegenmittel klingt skurril, funktioniert aber bestens: Sie besprühen die Pflanzen bei sehr kaltem, trockenem Wetter mit Wasser. Es friert und bildet eine Schutzschicht um das Blattlaub. Auf diese Weise kann es der Wind nicht austrocknen. (Derselbe Trick funktioniert auch, wenn Sie im Frühling frische Blatt- und Blütenknospen vor angekündigten späten Frösten schützen möchten.)

Ein paar **Sträucher für Balkone und Terrassen** sind kleinwüchsige Sorten von Kiefer, Berberitze, Wacholder oder Cotoneaster. Sie sind Wind und praller Sonneneinstrahlung gegenüber widerstandsfähig und brauchen nicht allzu viel Gießwasser.

Frühlingszwiebelpflanzen fürs Winterfensterbrett: Tulpen, Krokus, Miniiris, Frühlingsknotenblume, Blaustern, Hyazinthe, Schneeglöckchen, Zyklame, Traubenhyazinthe, Mininarzisse.

Windschattige Standorte sind also für Topfgewächse insgesamt besser. Manchmal müssen Sie mit Windbrechern ein bisschen nachhelfen. Flechtzäune oder entlang dem Balkongeländer befestigte Segeltuchbahnen helfen, die Wucht des Luftzugs zu mildern. Merke: Ein Windbrecher soll den Wind nicht vollkommen abhalten, sondern nur abbremsen und entschleunigen. Wenn Sie dem Wind eine undurchdringliche Barriere entgegenstellen, sucht er sich einen anderen Weg, fährt der Abschirmung entlang nach oben und fällt womöglich von dort als aggressiver Fallwind erst recht wieder über Ihre Pflanzen her.

Anti-Frost-Technik

Obwohl viele Pflanzen winterhart sind, müssen sie als Topfpflanzen trotzdem nach drinnen in ein Winterquartier übersiedelt werden. Im Topf sind die Pflanzen nur durch wenig Erde geschützt, die draußen vollkommen durchfrieren würde und die Pflanzen trotz Frosthärte eingehen würden. Gegen diesen Effekt hilft folgendes: Sie können die Töpfe im Winter draußen lassen, wenn Sie sie so in einen großen, mit Sand gefüllten zweiten Topf stecken, dass nur mehr ein, zwei Zentimeter des oberen Topfrandes herausschauen. Der Sand verhindert das Durchfrieren der Erde. Die Frostgefahr wird weiterhin minimiert, wenn Sie die Töpfe möglichst nah an die Hauswand, idealerweise sonnseitig, rücken. Das funktioniert z. B. sehr gut bei Aurikeln oder Duftpelargonien.

Winterquartier

Nicht winterharte Topfpflanzen müssen auf jeden Fall nach drinnen gebracht werden, und zwar vor dem ersten Frost. Sie bringen sie am besten an einem trockenen Herbsttag in ihr Winterquartier. Sind Ihre Töpfe nämlich triefend nass, kann es Ihnen passieren, dass sie drinnen nicht ordentlich durchtrocknen und sich – aus Mangel an frischer Luft – Fäulnis und Schimmel bildet. Das gilt vor allem für Exoten wie Yucca-Palmen, Agaven, Kakteen oder Bromelien.
Als Faustregel fürs Überwintern von Terrassen- und Balkon-

pflanzen gilt: Die besten Plätze sind hell, kühl und ohne direkte Sonneneinstrahlung. Das finden Pflanzen kuschelig. Die langen, ausgeschossenen Triebe, die Topfpflanzen häufig im Winterquartier anlegen, sind ein Hinweis auf Lichtmangel. Wenn Sie die Pflanze im späten Frühjahr wieder hinausstellen, sollten Sie diese Triebe stutzen.

Auch Kakteen, die im Sommer draußen gar nicht genug Sonne und Hitze bekommen können, bevorzugen in ihren Winterquartieren in der Wohnung ungeheizte Räume. Nach wie vor brauchen sie aber viel Licht. Dasselbe gilt übrigens auch für ihre nicht stacheligen Verwandten, die Blattkakteen, zu denen auch Weihnachts- oder Osterkaktus gehören.

Das ideale **Winterquartier** ist ein helles, kühles Treppenhaus oder ein ungeheizter Wohnraum mit viel Licht. Zu meiden sind allerdings Standorte in der Nähe der Haustür – bei jedem Öffnen bekommen die Pflanzen einen eisigen Windstoß von draußen ab.

Pflanzen als Wetterfrösche

Kennen Sie das? Der Wetterbericht im Fernsehen verspricht Ihnen strahlenden Sonnenschein, und kaum stehen Sie im luftigen Sommer-Outfit und ohne Schirm auf der Straße, bricht ein tosendes Gewitter los? Fluchen Sie nicht, werfen Sie morgens einfach einen Blick nach draußen. Die wahren Wetterpropheten sitzen nicht in den Fernsehstudios, sondern in Ihrem Garten: Wenn nämlich die Ringelblumen auf Ihrem Balkon die Blüten geschlossen halten, können Sie schon einmal vorsorglich Ihren Regenschirm zur Tür stellen. Auch Gänseblümchen, Kamille und Wildrosen schließen sofort ihre Blüten, wenn Regen droht – und zwar lange, bevor die ersten Tropfen fallen. Der präziseste Wetterprophet im Pflanzenreich ist der Sauerklee. In der Rolle eines botanischen Hygrometers blickt er auf eine lange Tradition zurück: Ein Topf mit Sauerklee im Fenster ersetzt jedes Barometer. Wenn eine Schlechtwetterfront im Anzug ist, faltet er seine Blätter zusammen und stellt die Blattstiele aufrecht. Wie die anderen pflanzlichen Wetterfrösche reagiert er äußerst sensibel auf die Veränderungen in Temperatur, Luftdruck und Luftfeuchtigkeit, durch die sich Wetterwechsel ankündigen.

Pflege des Gärtners

Ihre Pflanzen wollen gepflegt sein, Sie selbst aber auch. Das ganze Robben, Kriechen, Bücken und Schleppen, zu dem Ihre gärtnerischen Pflichten Sie ständig verführen, kann sich – auch wenn Sie es gern und aus freien Stücken tun – über Jahre zu bösen Schmerzen in der Wirbelsäule addieren. Es kommt der Tag, an dem Sie sich nach einer welken Blüte auf dem Boden bücken und dann beim Aufrichten den Rücken nicht mehr gerade bekommen. Das muss ja wirklich nicht sein. Bevor es so weit kommt, ein paar kleine Ratschläge zur Rückenschonung und Gärtner-Pflege.

Topf-Transport:

Kreuzschonend erledigt man das Umquartieren von schweren Pflanzgefäßen mit einem Kübelroller oder einer Sackkarre. Einfach den Topf schräg kippen und die Sackkarre darunterschieben. Dann müssen Sie das schwere Ding gar nicht erst hochheben. Eine billige und überraschend nützliche Transporthilfe für schwere Töpfe ist dicke, stabile Gartenfolie oder ein ausgedienter (Flicken-)Teppich. Sie schieben sie unter den gekippten Topf und ziehen die Folie mitsamt Topf von A nach B.

In die Knie!

Wenn's wirklich nicht anders geht und Sie selber einen schweren Topf, einen Sack Blumenerde oder Biomüll schleppen müssen: Heben und reißen Sie das Gewicht nie direkt aus dem Rücken.

Gehen Sie in die Hocke und heben Sie aus den Beinen. Wichtig ist auch, dass Sie gleichzeitiges Vorbeugen, Rumpfdrehen und Heben vermeiden.

Atmen Sie auf!
Das Zusammenleben mit Pflanzen ist gesund.
Dicke Luft in der Wohnung? Ihre Zimmerpflanzen werden‘s richten – zumindest kriegen sie die Luft wieder sauber. Einige der häufigsten Zimmerpflanzen sind nämlich wahre Luftverbesserungskünstler. Sie reinigen die Atemluft, indem sie genau die Stoffe, die für Menschen schädlich sind, für ihr eigenes Wachstum nützen und im Gegenzug Sauerstoff produzieren. Efeu z. B. verringert die Benzoldämpfe von Autoabgasen, Tabakrauch oder Putzmitteln. Echte Aloe und Grünlilie reduzieren das Formaldehyd, das aus Spanplatten oder Isolierschaum in die Raumluft gelangt. Gerbera und Chrysanthemen filtern den Schadstoff Trichlorethylen aus der Luft, der sich in Lacken, Fleckwasser oder Kleidung, die chemisch gereinigt wurde, findet. Erstklassige Luftreiniger unter den Zimmerpflanzen sind außerdem Philodendron, Drachenbaum, Bogenhanf oder Kolbenfaden.
Zudem erhöhen Zimmerpflanzen die Luftfeuchtigkeit in geschlossenen Räumen – je höher ihr Wasserverbrauch ist, desto mehr tragen sie umgekehrt zur Erhöhung der Luftfeuchtigkeit bei.

5 Know your enemy

Lausinvasion, Rüsselkäferangriff, Schneckenplage, Pilzbefall, grabfreudige Haustiere: Die Feinde des Gärtners sind zahlreich, und wenn Sie nicht aufpassen, schlagen sie sofort heimtückisch und gnadenlos zu.
Die Devise lautet: Know your enemy! Und bewahren Sie kühlen Kopf:
Für jedes gärtnerische Problem gibt es eine Lösung – hier erfahren Sie, wie's geht: Von Schädlingsabwehr über Urlaubs-Gießmanagement bis zum Umgang mit feindlich gesinnten Katzen und Vögeln.

Schädlinge, Pflanzenkrankheiten & Co

Es steigt Ihnen die Zornesröte ins Gesicht, weil ein Ameisenstaat sich justament im Topf Ihrer Kletterrose angesiedelt hat? Weil ein Rüsselkäfer nächtens ordentliche, kreisrunde Löcher in die Blätter Ihrer Glyzine frisst, als hätte er vor, diese in einem Ordner abzulegen? Stimmt, da kann einem schon die Galle hochgehen.

Schädlinge gehen üblicherweise Pflanzen mit **behaarten oder stark duftenden Blättern** (z.B. Duftpelargonien) aus dem Weg. Solche haarigen Dufter strategisch klug über Terrasse oder Balkon verteilt, kann dem Ärger mit Schädlingen vorbeugen.

Vorbeugen ist alles

Als umsichtiger Schutzengel Ihrer Pflanzen sollten Sie sich klarmachen, dass Schädlinge zwar lästig, aber keine vom Himmel gesandte, schicksalshafte Plage darstellen. Eher sind sie ein Zeichen: Sie tauchen auf, wenn es einer Pflanze nicht allzu gut geht. Je gesünder eine Pflanze, desto geringer ist ihre Anfälligkeit für Krankheiten und Schädlinge. Insofern ist die beste Schädlingsbekämpfungsmethode die Vorbeugung und das bedeutet, mit und nicht gegen die Natur zu arbeiten.

Unterernährte Pflanzen kränkeln leicht. Regelmäßiges Düngen macht Topfpflanzen widerstandsfähiger. Zu viel ist dabei allerdings nicht besser: Halten Sie sich an die vorgeschriebenen Mengenangaben.

Suchen Sie für Ihre Pflanzen die richtigen Plätze aus. Ein Sonnenanbeter wie der Oleander fühlt sich im Schatten nicht wohl und wird dort deshalb leichter Opfer einer Laus- oder Pilzattacke als im Sonnenschein. Stellen Sie umgekehrt Schattenfreunde wie Funkien oder Fuchsien in die pralle Sonne, kann es leicht sein, dass Schnecken oder Spinnmilben ihnen auf den Fuß folgen. Und wenn Sie Ihre Pflanzen überschwemmen und nachts pitschnass stehen lassen, freuen sich die Pilze. Mit einem Wort: Ihre Devise muss lauten: **Artgerechte Haltung**.

In Ihrem Kampf gegen Schädlinge sind Sie zum Glück nicht allein. Denn da sind ja auch noch die **Nützlinge**: Marienkäfer, Schlupfwespen, Schwebfliegen, Ohrwürmer, Raubmilben, Florfliegen und, ja, Spinnen. Auch wenn es manche nicht gerne hören: Spinnen sind die Freunde des Gärtners. Denn sie fressen Schädlinge. Daher entwickeln Pflanzen, die von Spinnen besucht werden, mehr Samen und Knospen als solche ohne Spinnen. Sie müssen sie nicht lieben, aber es hilft, wenn Sie sich mit ihnen arrangieren. Bienen, die ihre Blüten bestäuben, können Sie anlocken, indem Sie ein paar Pflanzen eintopfen, die diese gerne besuchen: Unter den Kräutern sind das beispielsweise Rosmarin, Salbei oder Thymian.
Trotz aller Prävention werden Sie immer wieder einmal einen Schädlingsangriff zurückzuschlagen haben. Kämpfen Sie mit biologisch abbaubaren Waffen, das heißt, kaufen Sie biologische Schädlingsbekämpfungsmittel. Schon um der Nützlinge willen.

Nützlinge per Post

Nützlinge für den Anti-Schädlingseinsatz können Sie übrigens auch käuflich erwerben – Adressen siehe im Serviceteil – und sich per Post zuschicken lassen. Wenn Sie z.B. eine Lausinvasion auf einer Ihrer Kletterrosen haben, bestellen Sie einfach 100 Larven der Florfliege, die fein säuberlich in schutzvliesverklebten Kartonwaben geliefert werden, aus denen Sie sie direkt über die verlauste Pflanze streuen. Die Nützlingslarven fressen die Läuse – und zwar gleich Hunderte innerhalb von zwei, drei Wochen. Seien Sie unbesorgt: Sie müssen die emsigen Larven nach getaner Arbeit nicht wieder einsammeln. Wenn die Lausplage vorbei ist, entwickeln sich die Larven zu Florfliegen und flattern einfach davon. Gut zu wissen: Florfliegenlarven fressen keine Pflanzenteile!

Schädlinge im Portrait

Blatt- und Schildläuse

So klein sie sind: Sie kommen gern in großen Horden und tragen verschiedenfärbige Gewänder: schwarz, grün, grau, gelb, die Schildläuse tragen kämpferisch braune Panzer. Zu den Schildläusen gehört auch die Weiße Fliege oder Kohlmottenschildlaus, die sich nach dem Larvenstadium zu einem lästigen, weißflügeligen Insekt entwickelt.

Die Blätter der befallenen Pflanzen bekommen gelbe Flecken, verkrüppeln und kräuseln sich, die Knospen verkümmern. Die Stiele starren vor Lauskolonien. Erste biologisch äußerst wertvolle Abwehr: Ziehen Sie sich Handschuhe an, streifen Sie die Läuse ab und zerdrücken Sie sie. Gegen Schildläuse, die sich hartnäckiger anklammern als Blattläuse und sich besonders in winterlich überheizten Räumen pudelwohl fühlen, dienen in Spiritus getränkte Wattestäbchen als ideale Abstreifhilfe. Jeden Tag einmal. Wenn das nicht hilft, schneiden Sie

die befallenen Triebspitzen ab. Bei geringem Befall kann das oft mehr bewirken als eine Giftattacke.
Die gute Nachricht: Selbst eine über und über verlauste Pflanze ist nicht dem Untergang geweiht. Sie müssen Sie weder sofort wegwerfen noch ratzeputz zurückschneiden. Stattdessen hilft ziemlich verlässlich eine biologisch abbaubare **Anti-Laus-Dusche** mit Schmierseife, Wermut, abgekühltem Kartoffel-Kochwasser oder Rapsöl. Läuse fürchten diese simplen Wundermittelchen wie der Teufel das Weihwasser:

Hier zwei Rezepturen:

- Ein großer Löffel parfumfreie Schmierseife in einem Liter warmem Wasser auflösen, in eine Sprühflasche füllen und die verlauste Pflanze von oben bis unten einsprühen. Gegen Schildläuse mischen Sie noch einen Löffel Spiritus darunter. Lassen Sie das Anti-Laus-Shampoo über Nacht einwirken und spülen Sie es danach gut mit warmem Wasser ab.
- Überbrühen Sie 50g Wermutkraut mit kochendem Wasser. Lassen Sie den Sud ein bisschen ziehen, verdünnen Sie ihn mit 10 Litern Wasser und besprühen Sie damit Ihre Laus-Kandidaten.

Nach einigen Tagen wiederholen Sie die Prozedur.

Ein paar zusätzliche Tricks im Kampf Mensch gegen Laus:
Fenchelsamen-Abwehr: Verstreuen Sie Fenchelsamen in Töpfen und Beeten. Ihr eigenwilliger Geruch lockt Schwebfliegen an, die Jagd auf Blattläuse machen.
Kräuter-Offensive: Dasselbe gilt für Dill, Fenchel, Kerbel und Lavendel als Kräuter- und Duftpflanzen. Die Schwebfliege fühlt sich von ihren Doldenblüten angezogen. Stellt man einen solchen Kräutertopf in die Nähe von blattlausgefährdeten Pflanzen wie Rosen oder Oleander, lässt sich die Gefahr gut in Schach halten.

Achtung: Bei Zimmerpflanzen sollten Sie auf den Einsatz von Gift zur Schädlingsbekämpfung verzichten. Schließlich atmen Sie selbst alles ein, was Sie in Ihrer Wohnung herumsprühen. Gesünder sind **biologische Methoden** der Schädlingsbekämpfung. Isolieren Sie befallene Pflanzen von gesunden.

Ameisen lassen sich auch mit in die Eingänge zu ihrem Nest ausgestreutem Backpulver vertreiben.

Als Raumduft und Wäscheduft wirkt Lavendel, in kleine Baumwollsäckchen verpackt, auch gegen Motten.

Ameisen

Aus gärtnerischer Sicht ist die Ameise eindeutig böser als ihr Ruf. Und zwar besonders für Topfpflanzen, die sowieso nur begrenzte Expansionsmöglichkeiten haben: Ameisen bedecken oberirdische Pflanzenteile mit ihren Erdhaufen, nagen junge Wurzeln an und unterhöhlen sie. Dadurch schwächen sie die Pflanzen und trocknen sie aus. Außerdem kümmern sie sich auch noch rührend um die Blattlauspflege: Den süßen Honigtau, den die Läuse ausscheiden, melken die Ameisen ab und verfüttern ihn an ihre Brut. Das animiert erstens die Blattläuse dazu, noch wilder an den Blättern Ihrer Pflanzen zu saugen, und zweitens verteilen die Ameisen die Läuse auch reihum auf nicht befallene Pflanzen. Diese unheilige Allianz zwischen Laus und Ameise ist ganz sicher nicht in Gärtners Sinne.

Abschreckende Wirkung auf Ameisen haben Lavendel, Thymian, Majoran und der herbe Geruch von Tomatenblättern. Wenn sie allerdings schon einmal da sind, kann man sie mit diesen Kräutern höchstens von Topf A nach Topf B vertreiben. Den Balkon verlassen sie deswegen noch lange nicht freiwillig.

Wenn Sie nicht vor drastischen Methoden zurückschrecken, können Sie eine ganze Ameisenkolonie mit kochendem Wasser überbrühen. Appetitlicher ist eine andere Technik: Sie stülpen einen leeren Blumentopf aus Ton über das Ameisennest und warten ein paar Tage ab. Die fleißigen Ameisen werden den Topf, der sich in der Sonne kuschelig erwärmt, bald als neuen Bau einrichten, mit Erde füllen und Eier und Königin dorthin übersiedeln. Wenn es so weit ist, schieben Sie vorsichtig einen Spaten unter den Topf, heben ihn mitsamt der neuen Ameisenkolonie in einen großen Sack und bringen ihn – gut zugebunden! (Achtung: Sie wollen keine Ameiseninvasion in Ihrem Auto!) – an einen Waldrand zur großen Befreiungsaktion.

Spinnmilbe

Spinnmilben sehen – wie der Name schon sagt – wie winzige, weißlich grüne Spinnentiere aus. Sie sind allerdings so klein, dass man sie meist erst dann wahrnimmt, wenn feine Gespinste die Pflanze überziehen. Sie vergreifen sich gleichermaßen an Garten-, Gemüse- und Zimmerpflanzen, indem sie sich an der Blattunterseite ansaugen und dort seltsame, feine Gespinste weben. Die Blätter bekommen erst helle Sprenkel, später vergilben und vertrocknen sie. Die Spinnmilbe liebt es trocken und taucht deshalb besonders häufig in stark geheizten Räumen auf.
Gegen Spinnmilben können Sie dieselben Methoden einsetzen wie gegen Blattläuse: abstreifen und/oder mit Spiritus-Schmierseifen-Lösungen einsprühen.

Schnecken

Schnecken? Ja, auch auf Dachterrassen und Balkonen gibt es Schnecken, wenn auch um vieles seltener als im Garten. Schnecken, vor allem Nacktschnecken, sind wie marodierende Horden, die eine Spur der Verwüstung hinterlassen: Abfressen, abfressen, abfressen ist ihre Devise. Sie lieben Funkien genauso wie Salat, Zinnien genauso wie Mangold. Ihre Gefräßigkeit ist gewaltig.
Sammeln Sie die schleimigen Vielfraße ein – die beste Zeit dafür ist nachts oder am frühen Morgen – und übergießen Sie sie mit kochendem Wasser. Hartgesottenere können Sie auch einfach mit der Schere in der Mitte durchschneiden. Danach kommen die Schneckenreste in den Biomüll.

Sie mögen sie hassen, aber Sie müssen nicht zum brutalsten aller Mittel greifen, um sie loszuwerden, nämlich zum **Schneckentod** durch Bestreuen mit Salz. Das ist unnötig qualvoll.

Dickmaulrüssler

Dickmaulrüssler sind blauschwarze, eiförmige Käfer mit rüsselartigem Maul, die nächtens halbkreisförmige Löcher in Blätter und Blüten fressen. Hier hilft zunächst nur Fingereinsatz: Sie müssen die Dickmaulrüssler nachts mit der Taschenlampe aufspüren, händisch absammeln und durch Zerdrücken zur Strecke bringen. Ein Problem bleiben dann allerdings weiterhin die Eier, die der Dickmaulrüssler in der Erde ablegt, und

die daraus schlüpfenden Larven, die in der Erde leben und die Wurzel anfressen. Hier hilft nur der Nützlingseinsatz: sogenannte Nematoden (Fadenwürmer), die sowohl den Käfereiern als auch den Larven im Boden ein Ende setzen und im Fachhandel erhältlich sind.

Mehltau

Echter Mehltau ist leicht zu erkennen: Auf den befallenen Blättern erscheinen weiße, pulvrige Sprenkel oder Flecken. Mehltau ist eine Pilzkrankheit, die Blätter mit der Zeit absterben lässt. Besonders häufig befällt Mehltau Begonien, Rosen oder Phlox. Wenn es so weit ist, sollten Sie nicht lange abwarten, sondern sofort etwas unternehmen: Entfernen Sie die kranken Blätter und entsorgen Sie diese. Keine Bange: Mehltaupilze können nur auf lebenden Blättern existieren, daher ist es kein Problem, wenn Sie die entfernten Pflanzenteile einfach in den Hausmüll werfen.

Zum Schutz gegen Mehltau gibt es eine ganze Reihe von Fungiziden, die Sie in jedem Gartencenter bekommen.

Gut hilft auch Schachtelhalm-Brühe; wenn auch nur für den Fall, dass Sie einmal gerade im Wald an Schachtelhalmen vorbeigehen und gleichzeitig an den Mehltau Ihrer Balkonpflanzen denken.

Auch gegen andere Pilzerkrankungen wie Rost, Kohlhernie oder Grauschimmel gehen Sie mit speziellen Pilzspritzmitteln vor. Am besten hilft aber gerade hier vorbeugen: Pilze brauchen Feuchtigkeit, um sich entwickeln zu können. Wenn Sie nicht abends und nicht auf die Blätter Ihrer Pflanzen gießen, haben Pilze z.B. schon nur mehr die halbe Chance.

Katzen und Vögel

Sie können Gift darauf nehmen, dass das Ziel Ihrer eigenen oder der dicken Katze von der Nachbarterrasse ist, Ihre Beete und Tröge in ein einziges großes Katzenklo zu verwandeln. Katzen sind so. Sie graben auch besonders gern zum Spaß in frischer Erde herum und legen die ein oder andere Blumenzwiebel frei. Katzen haben immer ein paar Lieblingsorte, die sie regelmäßig zu einem Klogang aufsuchen. Hier hilft eine garantiert biologische Abwehrmethode: Stecken Sie kreuz und quer – möglichst schief, durcheinander und dicht – **Bambusstäbe** von circa 20 Zentimetern Länge in die Erde. Die Katze findet so keinen Platz mehr für eine Wiederholungstat. Sie können ihr den Tag noch zusätzlich vermiesen, wenn Sie die Erde mit **Nelkenöl** besprühen. Den Geruch können Katzen auf den Tod nicht leiden.
Manchmal haben Katzen aus schleierhaften Gründen an einer bestimmten Topfpflanze einen Narren gefressen und nagen sie immer wieder an. Auch hier hilft das Besprühen der bedrängten Pflanze mit Nelkenöl.

Gute Dienste tut auch die **Verpiss-dich-Pflanze**, eine Züchtung des schwäbischen Gärtners Dieter Stegmeier, die seit 2001 Furore macht. Mit dem Geruch der kleinwüchsigen Nesselpflanze, die ein bisschen aussieht wie rundblättrige Pfefferminze, können Sie in einem Umkreis von vier Metern Hunde, Katzen und Kaninchen verscheuchen. Menschen irritiert der Geruch kaum.

Sie wollen zwar gerne Vögel im Garten zwitschern hören, und Sie wissen, dass sie gute Schädlingsvertilger sind, gleichzeitig geht es Ihnen auf die Nerven, dass die Spatzen Ihre gerade gesäten Samen aus den Töpfen picken, kaum dass Sie ihnen den Rücken gekehrt haben? Kein Problem: Decken Sie frisch gesäte Töpfe und Tröge einfach mit einem **Gartenvlies** ab, bis die Sämlinge ein, zwei Zentimeter groß sind.
Tauben hingegen sind ein schwieriger zu bewältigendes Problem. Wenn sie sich einmal eingenistet haben, kommen sie immer wieder – und kacken alles voll. Fragen Sie einen Profi von einer Gebäudereinigungs- und Taubenabwehrfirma, was in Ihrem Fall zu tun ist. Alleine kommen Sie da in der Regel nicht weiter.

Sommerfliegen halten Sie am besten aus Wohnräumen fern, indem Sie einen Bund Kräuter über die Terrassentür hängen: Am besten eignen sich Lavendel, Weinraute oder Mutterkraut, die Sie auch gleich vorsorglich selbst in Töpfen ziehen können.

Urlaub

In dem Moment, in dem Sie unter die Gärtner gehen, bekommt das Thema Reisen einen leicht sauren Beigeschmack. „Drei Wochen Urlaub zur falschen Zeit – und die ganze Pracht ist dahin", lautet ein Satz des deutschen Gartenschriftstellers Jürgen Dahl. So dramatisch muss es natürlich nicht werden. Mit ein bisschen Voraussicht umschiffen Sie die Horrorvision, dass Ihre Pflanzen in Ihrer Abwesenheit zu einem grausigen Tod durch Verdursten verurteilt sind.

Langes Wochenende

Wenn Sie nur für zwei, drei Tage wegfahren und nicht gerade die Hitzewelle des Jahrhunderts herrscht, sind mit Wasser gefüllte Wein- oder Saftflaschen, die Sie verkehrt herum in Ihre Blumentöpfe stecken, ein gutes automatisches Bewässerungssystem. Nach und nach geben sie Wasser ab und versorgen Ihre Pflanze ausreichend.
Noch besser sind Profi-Wasserspender für Einzeltöpfe. Über einen dünnen Schlauch saugt ein Tonkegel, den Sie in die Topferde stecken, nach Bedarf Wasser aus einem beliebigen, daneben gestellten Gefäß an. Wenn Sie viele Töpfe zu bewässern haben, geht dieses System allerdings ziemlich ins Geld – einmal abgesehen davon, dass Sie genug Platz brauchen, um neben jedem Topf ein Wassergefäß aufzustellen.

Pflanzen-Sitter & Gießdienste

Längere Urlaube verlangt hingegen nach etwas langfristigeren Maßnahmen. Da gibt es einmal die Option **Pflanzen-Sitter**: Als Balkon- und Terrassengärtner haben Sie den Freunden, die Sie zum Gieß-Dienst bitten, ja auch zauberhafte Abendstunden an der frischen Luft zu bieten! Eins ist wichtig: Übertreiben Sie es nicht mit den Gieß-Anweisungen – wenn Ihr Pflanzen-Sitter einen Stapel Papier zum Mitschreiben braucht, könnte ihn das fürs nächste Mal abschrecken. Üben Sie sich stattdessen in Gleichmut und finden Sie sich damit ab, dass das Herz eines Pflanzen-Sitters nicht ganz so leidenschaftlich für Ihre Pflanzen schlägt wie Ihr eigenes.
Es kann passieren, dass er einen Topf übersieht, der bei Ihrer Rückkehr weniger fit aussieht als zu Ihrer Abreise. Das ist kein Grund, eine Freundschaft aufzukündigen!
Im Zweifelsfall können Sie auch professionelle Gießer engagieren: Eine ganze Reihe von Blumenhandlungen und Gärtnereien bietet mittlerweile **Urlaubs-Gießdienste** an. Bezahlt wird üblicherweise nach Zeit, Anfahrtsweg und der Zahl der Töpfe, die es zu bewässern gilt.

Längere Abwesenheit

Es ist wie verhext: Ihr Urlaub ist geplant, aber weit und breit niemand in Sicht, der bereit wäre, sich um Ihre Pflanzen zu kümmern? Nicht verzweifeln – greifen Sie zur Selbsthilfe! Es klingt unglaublich, ist aber wahr: Sie können Ihre Pflanzen bis zu drei Wochen sich selbst überlassen. Die Vorkehrungen, die Sie dazu treffen müssen, ersetzen zwar die regelmäßige Pflege nicht hundertprozentig, und es kann – vor allem bei empfindlicheren Pflanzen – immer wieder einmal etwas schiefgehen, aber in der Regel funktioniert es gut.
Sie stellen eine Plastikwanne an einen sonnengeschützten Platz – entweder auf dem Balkon oder im Badezimmer. (Es muss unbedingt ein Bad mit Tageslicht sein! Drei Wochen ohne Licht, und jede Pflanze ist hinüber.) Den Boden der Wanne bedecken Sie mit einer 5 bis 8 Zentimeter dicken Schicht aus Tonscherben oder Tonkugeln und füllen diese Schicht mit Wasser auf, in das Sie Flüssigdünger gemischt haben.

Oben drauf stellen Sie Ihre Blumentöpfe. Durch die Löcher im Topfboden und durch die Wasserdurchlässigkeit der Tontöpfe können die Pflanzen sich jetzt selbst mit Wasser und Nährstoffen versorgen. Plastiktöpfe sind problematisch, weil sie wasserundurchlässig sind und die Pflanze nur durch das Bodenloch Wasser aufnehmen kann.

Eine weitere Möglichkeit ist, die Plastikwanne mit einer Kunststofffolie auszulegen, auf die Sie eine dicke Schicht mit fein zerkleinertem Torfmulch packen. Anschließend besprenkeln Sie den Mulch mit Wasser, bis er gut vollgesogen ist, und stecken Ihre Zimmerpflanzen so hinein, dass sie bis zum Topfrand im feuchten Mulch stehen. Abschließend können Sie über das Ganze noch eine weitere dünne Mulchschicht streuen und vor der Abreise noch einmal gut einsprühen. Wählen Sie die Variante mit dem Mulch, ist es günstig, das Fenster des Raumes, in dem die Plastikwanne untergebracht ist, einen Spaltweit offen zu lassen, sonst besteht Schimmelgefahr. Bei guter Vorbereitung hält die Feuchtigkeit lange genug, um mit beiden Methoden die Zimmergewächse wohlbehalten über die gesamte Urlaubszeit zu bringen.

Eine andere Wasser-Selbstversorgungstechnik für Pflanzen sieht so aus: Sie feuchten den Wurzelballen Ihrer Topfpflanze in einem Wasserbad gut durch, lassen überschüssiges Wasser abrinnen und stecken den Topf mitsamt Pflanze in einen Plastiksack, den Sie oben zubinden. Stechen Sie ein paar Luftlöcher ins Plastik. Pflanzen überleben auf diese Weise bis zu vier Wochen, weil sich die Feuchtigkeit unter dem Plastik gut hält. Allerdings – das darf nicht verschwiegen werden – besteht Fäulnis- und Pilzgefahr.

6 Kleiner Nutzgarten

Es gibt einen Punkt, an dem sich die Wege von Gärtnern und Gourmets kreuzen – im Gemüse- und Kräutergarten. Dazu braucht es nicht immer ein weitläufiges Beet hinterm Haus. Auch als Balkon- und Miniaturgärtner können Sie bei frischen Vitaminen aus eigenem Anbau aus dem Vollen schöpfen. Wo Platz ist für Blumen, ist auch Platz für Gemüse und Kräuter. Die Sortenpalette an Topfgemüse ist kilometerbreit.

Aussaat-Schule: Sow it yourself

Es gibt zwei Möglichkeiten, zu Gemüsepflanzen zu kommen: Sie kaufen Setzlinge oder Sie ziehen sie selbst aus Samen. Letzteres ist die kostengünstigere Variante und natürlich auch die, die echten Gärtnern viel mehr Spaß macht.

In Gärtnereien und Grünmärkten ist die Auswahl an Samenpäckchen zudem sehr viel größer als die an vorgezogenen Pflänzchen, und mit ziemlicher Sicherheit finden Sie genau die Sorten, die Sie sich wünschen. Bei größeren Samen leisten **Anzuchtschalen** gute Dienste. Sie stellen sie einfach auf eine Innenfensterbank. Gut geeignet sind helle Ost- oder Westfenster, die nicht zu viel direkte Sonne haben. Pflanzenwinzlinge leiden unter aggressiver Sonneneinstrahlung. Die beste Keimtemperatur für Samen liegt bei 18 bis 22° C.
Als Anzuchtgefäße eignen sich alle Arten von flachen Kunststoffschalen – durchaus auch jene Plastikpackungen, in denen in Supermärkten Rucola oder Erbsenschoten verkauft werden. Idealerweise sind sie nicht aus durchsichtigem, sondern aus grünem Plastik. Wichtig ist eine spezielle **Anzuchterde**; normale Gartenerden sind für die Samenanzucht viel zu nährstoffreich. Für Sämlinge ist das zu üppig.
Solange es in der Nacht noch frieren kann – bis Mitte Mai, in hohen Lagen bis Anfang Juni –, kommen die kleinen Setzlinge höchstens während des Tages ins Freie und härten sich dort ein, zwei Wochen vor ihrer endgültigen Übersiedlung nach draußen ein bisschen ab.

Abb. 1a: Bestückung der Anzuchtschale
Abb. 1b: Umpflanzen in Torftöpfchen
Abb. 1c: Umpflanzen in den Blumentopf
Abb. 2: Blumenkasten und Saatband

Aussäen Schritt für Schritt

Erst einmal füllen Sie die Anzuchtschalen mit Erde. Besonders praktisch sind solche Schalen, die schon kleine vorgefertigte Unterteilungen besitzen. Die gibt es in jedem Gartenmarkt. Sie können sie sich aber auch selber machen, indem Sie Joghurtbecher in breite Streifen schneiden und sie so in die Erde stecken, dass sie kleine Abteilungen bilden (Abb. 1a). Pro Abteil setzen Sie zwei, drei Samen. Dazu drücken Sie mit einem Bambusstäbchen oder mit dem Finger ein circa ein bis eineinhalb Zentimeter tiefes Loch in die Erde, legen die Samen hinein und bedecken sie leicht mit Erde. Mit einer feinstrahligen Gießkanne feuchten Sie sie danach gut durch; fast noch besser ist eine Sprühflasche.

Nicht alle Samen brauchen dasselbe. Achten Sie auf die Packungshinweise.

Danach wird die Anzuchtschale mit einer Plastikhaube abgedeckt; natürlich geht auch simple Klarsichtfolie. In jedem Fall braucht die Abdeckung Luftlöcher, damit keine Fäulnis entstehen kann. Sobald die Sämlinge aufgegangen sind und zu eng stehen, vereinzeln Sie sie möglichst vorsichtig, indem Sie sie mithilfe eines Stäbchens herausheben und mit etwas größerem Abstand wieder einsetzen. Beim Vereinzeln können Sie die Winzlinge gleich in sogenannte Torftöpfchen umpflanzen. Wenn Sie sie dann in ihre endgültigen großen Balkontöpfe pflanzen, stecken Sie sie gleich mitsamt Torftöpfchen in die Erde (Abb. 1b+c). Der Torf löst sich mit der Zeit ganz auf und die Wurzeln können gemütlich durchwachsen.

Saatbänder

Saatbänder sind schmale Streifen aus Spezialpapier, in die Samen bereits im richtigen Pflanzabstand eingewebt sind. Man legt sie in eine mit dem Finger vorgezogene, etwa ein Zentimeter tiefe Rille und bedeckt sie mit Erde. Das Papier zersetzt sich mit der Zeit. Es gibt Saatbänder mit Kleingemüse-Kräuter-Mischungen, aber auch mit Blumenmischungen. Besonders praktisch sind Saatbänder für lange Blumenkästen (Abb. 2).

Wann sät man?

Timing ist alles. Sie haben nichts davon, wenn Sie im Januar schon ungeduldig aussäen und dann Anfang März mit kräftigen, 15 Zentimeter hohen Tomatensetzlingen dastehen, die nicht nach draußen dürfen, weil es noch zu kalt ist. Bleiben die Setzlinge nämlich zu lange in ihren engen Torftöpfchen, entwickeln sie wegen Lichtmangels lange, dünne Triebe, werden krankheitsanfällig und gelbblättrig, weil ihnen die Nährstoffe ausgehen. Daher ein bisschen Arithmetik für schlaue Gemüsegärtner: Frostempfindliche Kinder des Südens wie Tomaten, Paprika, Chili, Andenbeeren oder Auberginen

brauchen 8 bis 12 Wochen, bis sie für die Übersiedlung in den Balkontopf groß genug sind. Für sie ist Mitte März die richtige Saatzeit.
Rasant wachsende Gemüse wie Zucchini, Gurken oder kleine Kürbisse brauchen Sie nicht vor April zu säen.
Raus geht es dann Mitte, Ende Mai – nach den Eisheiligen, also wenn in Ihrem Klima keine Fröste mehr zu erwarten sind.

Outdoor-Schutz

Sie können unten abgeschnittene, Eineinhalb-Liter Plastikmineralwasser-Flaschen über Ihre frisch nach draußen übersiedelten Gemüsejungpflanzen stülpen. Das schützt sie vor starken Temperaturschwankungen, die es im Mai durchaus noch geben kann. Wenn Sie oben den Deckel abdrehen, haben Sie eine ideale Entlüftung.

Blütenspeisen

Viele Blüten sind essbar. Inzwischen hat sich das so weit herumgesprochen, dass sogar manche Supermarktketten schon Plastiktassen mit frisch abgepackten „Blüten zum Essen" anbieten. Auch das eine oder andere „Blüten-Kochbuch" ist schon auf dem Markt. Viele der essbaren Blüten haben den Vorteil, dass sie von Pflanzen stammen, die Sie ganz leicht in Töpfen ziehen können. Das Auge isst mit, aber essbare Blüten eignen sich nicht nur zum Dekorieren, sondern auch zum Würzen und Verfeinern. Über fertige Omelettes und Salate können Sie entstielte Kapuzinerkresse-Blüten streuen. Wie ihre ebenfalls essbaren Blätter haben sie ein feines pfeffriges Aroma; die Früchte der Kapuzinerkresse lassen sich außerdem wie Kapern einlegen. Auch mit den blasslila und violetten Blüten der Nachtviolen und den gelben Blüten des Schinkenkrauts, das zur selben Familie gehört wie die Nachtkerze, können Sie Salate würzen – sie schmecken wie Kopfsalat und sehen sehr schön aus. Ein feines Zwiebelaroma besitzen die frisch aufgeblühten Blütenköpfe des Schnittlauchs. Sie schneiden sie von den Stielen und würzen damit Salatsoßen, Gemüse oder Ome-

lettes. Öle und Butter gewinnen durch das Blüten-Aroma von Minze, Zitronenmelisse, Ysop, Basilikum, Thymian oder Oregano an Geschmack. In Sommerbowlen sind die blauen Sternblüten des Borretsch-Krauts eine Augenweide, die weißen Blütenblätter von Gänseblümchen und die orangenen der Ringelblume, die den ganzen Sommer über blüht, schmecken würzig und eignen sich außer zum Dekorieren auch zum Aromatisieren von Suppen und Eintöpfen.
Echten Eindruck können Sie aber mit dieser Idee schinden: Frieren Sie essbare Blüten in Eiswürfel ein und servieren Sie die dramatisch aussehenden Eisgebilde in kalten Sommergetränken: Dafür eignen sich z.B. vom Stiel abgezogene Hornveilchen, Duftpelargonienblüten, kleine Rosen oder blaue Borretschblüten.
Es geht ganz einfach: Sie füllen die Abteile einer Eiswürfelschale bis zur Hälfte mit Wasser, legen mit Hilfe einer Pinzette in jedes Fach eine Blüte obenauf und lassen das Ganze im Tiefkühlfach durchfrieren. Erst dann füllen Sie die Eiswürfelabteile zur Gänze mit Wasser auf und frieren sie erneut ein. Fertig! Der Applaus ist Ihnen sicher!

Gemüse und Kräuterkunde

Ein kleines Vorwort: Wenn Ihr Gemüse reiche Ernte abwerfen soll, müssen Sie es regelmäßig düngen – besonders in der Zeit, in der sich die Blüten und Früchte entwickeln.

Gemüse ernten Sie am besten vor zehn Uhr Vormittag. Um diese Zeit ist es am knackigsten.

Tomaten und Gurken sind z.B. besonders gierige Nährstoffjäger. Am einfachsten arbeiten Sie mit Flüssigdünger, den Sie ins Gießwasser mischen. Gartenmärkte bieten spezielle Gemüseflüssigdünger in großer Zahl an. Halten Sie sich einfach an die angegebenen Düng-Mengen und -Intervalle. Bei Gemüse gilt noch mehr als bei Blumen: Düngen Sie biologisch. Sie möchten doch bestimmt keine Chemie auf Ihrem Selbstgeernteten.

Gemüse

Salat

Wählen Sie am besten Pflücksalatsorten für die Zucht in Töpfen oder Trögen. Wie der Name schon sagt, werden sie Blatt für Blatt gepflückt und nicht als ganze Köpfe abgeschnitten. Der Ertrag ist in der Regel drei bis vier Mal so hoch. Geerntet wird über mehrere Wochen hinweg, indem Sie immer nur die äußeren Blätter abpflücken, das Salatherz aber stehen lassen, damit es neue Blätter hervorbringt. So versorgen Sie sich platzsparend über Wochen mit frischem Salat.
Ein guter, leicht zu säender Salat für Töpfe ist auch der würzig-bittere Rucola mit seinen schmalen, scharf gezackten Blättern.

Tomaten

Das Angebot an Topftomaten ist groß – achten Sie beim Kauf auf eine nicht zu ausladende Wuchsform und halten Sie sich an eher kleinfrüchtige Sorten wie Cocktail- oder Balkontomaten, die es übrigens nicht nur in Rot, sondern auch in Gelb oder Orange gibt. Sie müssen Ihre Tomatenpflanzen auf jeden Fall mit einem oder mehreren Stäben stützen, damit sie nicht unter dem Gewicht ihrer Früchte zusammenbrechen, und ihnen einen möglichst sonnigen, windgeschützten Standort zuweisen. Nichts ist besser, als ein Platz vor einer Wärme abstrahlenden Wand. Tomaten sind gierige Wassertrinker!
Behalten Sie sie diesbezüglich im Auge! Für eine gute Nährstoffversorgung können Sie beim Setzen der Tomatenpflanze einen „Pferdeapfel“ unter die Topferde mischen.
Gießen Sie sie möglichst nicht mit kaltem Wasser, das direkt aus der Leitung kommt. Und halten Sie die Blätter beim Gießen trocken. So hat die Tomatenfäule, die Triebe und Blätter braun färbt, weniger Chancen. Tomaten gehören während ihres Wachstums regelmäßig ausgegeizt (siehe Seite 33). Das stärkt und kräftigt die Haupttriebe und führt zu reicherer Ernte. Es gibt inzwischen aber auch schon Sorten, deren kompakte Wuchsform das Ausgeizen überflüssig macht.
Die Krautfäule ist bei Tomaten leider recht häufig. Sie lässt die Blätter von den Spitzen her braunfleckig werden. Die Triebe vertrocknen und sterben ab. Sie müssen die befallenen Blätter sofort entfernen und die Tomatenpflanze gegebenenfalls mit einem organischen Fungizid behandeln. Vorbeugend macht das Besprühen mit einer Brennnessel-Brühe Ihre Tomatenpflanze widerstandsfähiger.

Setzen Sie ein paar Ringelblumen oder ein, zwei Büschel Basilikum zu Ihren Tomatenpflanzen. Das Aroma des Basilikums hilft dabei, Schädlinge wie die Weiße Fliege von den Tomaten fern zu halten.

Paprika

Paprika, Peperoni und Chili lieben es besonders heiß. Auf nordseitig gelegenen Balkonen oder Terrassen können Sie sich diese Sonnenanbeter gleich wieder aus dem Kopf schlagen. Es gibt viele verschiedene Zwergpaprika-Sorten, deren Farben von grün, gelb und rot bis zu violett und fast schwarz reichen.

Mangold

Mangold ist nicht nur ein köstliches Speisegemüse, mit seinen dekorativen langen Blattstielen und großen gekräuselten Blättern kann er es auch in Sachen Schönheit mit vielen Blütenpflanzen aufnehmen. Der normale Mangold hat grüne Stiele, es gibt aber auch leuchtend rot- und gelbstielige Sorten, die sich in Töpfen besonders hübsch ausnehmen. Sie ernten immer die großen Außenblätter, indem Sie sie knapp über der Erde mit einem Messer abschneiden.

Zucchini und Kürbis

Je größer der Topf und je mehr Mist (Achtung kein Kuh- oder Schweinemist, besser Pferdeäpfel!) in der Erde, desto lieber ist es den Zucchini und Kürbissen. Für sie braucht man also schon ein bisschen Platz – einen großen Waschtrog etwa oder ein kleines Holzfass. Hervorragend schmecken nicht nur die Früchte, sondern auch die gelben Blüten der Zucchini. Wenn Sie allerdings nur für eine Zucchini-Pflanze Platz haben, sollten Sie ihr nicht gleich gierig alle Blüten wegfuttern – sonst gibt es keine Früchte! Topfkürbisse sollten auf jeden Fall Sorten mit kleinen Früchten sein. Sie bilden lange Ranken, an denen die Früchte entstehen. Sie können sie auch in die Höhe ranken lassen. Wichtig ist ein tragfähiges Klettergerüst, das das Gewicht der Früchte tragen kann.

Damit die Früchte nicht abbrechen, bevor sie ausgereift sind, können Sie sie vorsichtig einzeln in ein Orangennetz aus dem Supermarkt packen und dieses am Gerüst befestigen.

Bohnen

Rankende Feuerbohnen sind kulinarischer und optischer Genuss in Personalunion. Mit ihren signalroten Blüten sind sie mindestens so schön wie blühende Kapuzinerkresse-Ranken. Sie können Feuerbohnen als – quasi essbaren – Sichtschutz über ein Rankgitter hinaufwuchern lassen, sich erst an den Blüten erfreuen und später die Bohnen essen, die in langen Schoten heranreifen. Außerdem wachsen sie so schnell, dass Sie ihnen praktisch dabei zuschauen können.

Darin liegt eine große gärtnerische Befriedigung. Auch kleinwüchsige Zwerg-Buschbohnen wachsen gut in Töpfen. Mischen Sie als Langzeitdünger ordentlich Hornspäne unter die Bohnenerde und gießen Sie die Pflanzen kräftig.

Gurke

Hier haben Sie die Wahl zwischen rankenden und nicht rankenden Sorten. Ein Balkongeländer gibt mitunter ein gutes Rankgerüst ab. Sie müssen die wachsenden Triebe regelmäßig anbinden. Wählen Sie besonders schnellwüchsige Sorten mit kleinen Früchten und düngen Sie kräftig mit Mist. Zu diesem Zweck können Sie beim Spazierengehen den einen oder anderen Pferdemist-Apfel einsammeln und unter die Gurken-Erde mischen.

Gurken bestehen zu 96 Prozent aus Wasser. Kein Wunder also, dass man sie viel gießen muss.

Radieschen und Karotten

Als Wurzelgemüse sind Karotten und Radieschen gute Topfpflanzen, wenn Sie sich – bei Karotten – an Sorten halten, die nicht zu groß werden, sprich nicht zu tief nach unten wachsen. Radieschen können sie mehrmals nachsäen.

Kräuter

Schnittlauch

Schnittlauch gehört zur Standardkräuterausrüstung – auch für Suppen und Salate. Er braucht es nicht ganz so sonnig und gibt sich jederzeit mit halbschattigen Standorten zufrieden. Schnittlauch ist eigensinniger, als man denkt: Wenn er das nächste Jahr in seinem Topf wiedererleben soll, dürfen Sie ihn erst nach dem ersten Frost ins Zimmer stellen. Er braucht's eine Zeit lang frostig, damit er zu neuem Wachstum ansetzt. Ausgewachsener Schnittlauch entwickelt hübsche lila Büschel-Blüten. Die Röhrenhalme des blühenden Schnittlauchs neigen zur Bitterkeit, dafür sind die Blüten ihrerseits essbar. Sie können Sie als würzige Dekoration über Salate streuen. Als Dünger schätzt Schnittlauch Hornspäne.

Petersilie

Mühen Sie sich gar nicht erst groß mit dem Säen von Petersilie ab. Es ist eine langwierige Prozedur, bei der die Samen noch dazu häufig nicht aufgehen. Kaufen Sie gleich eine fix und fertig vorgezogene Pflanze, setzen Sie sie in einen Topf und beernten Sie sie stängelweise. Von den Stielen zupfen Sie dann die Blätter für die weitere Verwendung ab.

Wenn Ihre Petersilie Blütenknospen ansetzt, schneiden Sie die besser gleich ab. Sobald die Pflanze nämlich blüht, wird das Aroma der Blätter herber.

Die Südlinge

Salbei, Rosmarin, Thymian, Lorbeer, Basilikum: Die Südländer unter den Kräutern sind besonders wärmeliebend und entwickeln ihr volles Geschmacksaroma am besten, wenn ihnen die Sonne zumindest sechs bis acht Stunden pro Tag auf den Pelz brennt – darüber dürfen Sie natürlich das Gießen nicht vergessen! Haben Sie auf Ihrer Terrasse oder Ihrem Balkon nicht ganz so viele Sonnenstunden zu bieten, ist das auch kein Malheur: Der Geschmack Ihrer Kräuter wird einfach nicht ganz so intensiv sein.

Salbei – zumal im Topf – besitzt einen Hang dazu, rasch räudig auszusehen. Um das zu vermeiden, stutzen Sie ihn im Frühjahr nach der Blüte und noch einmal im September. Dadurch werden die Stauden nicht holzig und treiben immer wieder von ganz unten aus. Ernten Sie von oben, indem Sie ganze Blattbüschel abzwicken. Dasselbe tut auch Basilikum gut: Entfernen Sie ihm regelmäßig die Blüten und Knospen. Das hält das Aroma in den Blättern.

Wenn Sie Ihren Rosmarin-Kräuterstock regelmäßig beernten, bleibt er buschig. Je heißer und sonniger der Platz, an dem Sie seinen Topf aufstellen, desto aromatischer schmecken die Blätter.

Duftpflanzen für Töpfe: Königslilie, Madonnenlilie, Hyazinthe, Rosenkraut, Thymian, Zitronenverbene, Majoran, Salbei, Rosmarin, Lavendel.

Frische Lorbeerblätter haben ein bei weitem feineres und intensiveres Aroma als die getrockneten, die man in Päckchen als Küchengewürz kaufen kann. Deshalb lohnt es sich auf jeden Fall, einen kleinen Lorbeerstrauch im Topf zu kultivieren. Lorbeer ist unkompliziert, im mitteleuropäischen Klima ist die Zucht im Topf sogar ratsamer als die im Freiland. Wenn Sie Ihren Lorbeer vor Frost, Nässe und kaltem Winterwind schützen, ist er eine unkomplizierte Pflanze. Sollte er doch einmal drohen einzugehen, schneiden Sie ihn am besten bis auf die Basis zurück. Zumeist treibt er wieder neu aus. Thymian bildet lustige runde Polster. Sie werden feststellen, dass es ihn in den fantastischsten Duftrichtungen gibt –

Gute Nachbarn, schlechte Nachbarn

Viele Kräuter haben nichts dagegen, wenn Sie sie miteinander in einen größeren Topf setzen. Andere hingegen können sich absolut nicht leiden …

GUTE NACHBARN		SCHLECHTE NACHBARN	
SCHNITTLAUCH ESTRAGON ZITRONENMELISSE	ZITRONENMELISSE SCHNITTLAUCH ESTRAGON	KORIANDER	FENCHEL
TOMATEN	BASILIKUM RINGELBLUMEN PETERSILIE	DILL	ESTRAGON
GURKEN	DILL	KAROTTEN	DILL
BASILIKUM	ZUCCHINI PAPRIKA	BOHNEN	SCHNITTLAUCH
KERBEL	RADIESCHEN	KÜRBIS	TOMATE
KAROTTEN	KRESSE	GURKEN	SALBEI

Liebstöckl (bekannte als Maggikraut) gehört zu den Kräuterpflanzen, die Sie immer allein in einen Topf setzen sollten. Nicht, weil das Liebstöckl so empfindlich wäre, im Gegenteil: Es wuchert so aggressiv und hemmungslos, dass es neben sich kaum einem anderen Kraut eine Überlebenschance lässt. Es wird zudem auch riesig hoch.

EIN- UND ZWEIJÄHRIGE KRÄUTER

MEHRJÄHRIGE KRÄUTER

Eine gute Idee ist es, mehrjährige Kräuter wie Rosmarin, Thymian oder Salbei von Ein- oder Zweijährigen wie Kresse, Petersilie, Kerbel, Dill, Majoran oder Borretsch zu trennen. Sie kommen jeweils bestens miteinander aus.

Zitronenthymian oder Orangenthymian z.B. Außerdem gibt es einige Sorten, die so kleinblättrig und hartlaubig sind, dass Sie sie in die Fugen zwischen Ihren Terrassenfliesen setzen können. Das sieht hübsch aus und riecht sehr gut. Auch Thymian gehört immer wieder kräftig gestutzt, um in Form zu bleiben.

Kräuter für drinnen

Als Zimmerpflanzen haben Topfkräuter in der Regel keine besonders lange Lebensdauer, weil es ihnen drinnen meistens zu warm ist. Sie schwächeln dadurch leichter und sind eine einfache Beute für Krankheiten und Schädlinge. Das spricht nicht gegen Kräuter im Zimmer, im Gegenteil, Sie müssen sich dessen nur bewusst sein. Wenn Sie also bemerken, dass Ihr Küchenbasilikum von winzigen Fliegen umschwirrt wird oder immer trauriger aus der Wäsche schaut, ist es das Unaufwendigste, es durch ein Neues zu ersetzen. Wenn Sie die Möglichkeit dazu haben, ist es auch eine gute Alternative, Ihre Küchenkräuter auf die Außenfensterbank zu stellen. Küchenkräuter in Töpfen gehören an einen hellen Ort und in einen Übertopf oder auf einen Plastikuntersetzer, damit sich dort, wo sie stehen, beim Gießen keine unschönen Wasserflecken bilden.

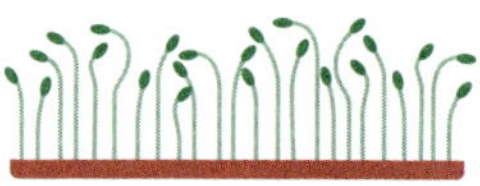

Kresse ist eine Vitaminbombe und hat ein wunderbar frisches, scharfes Aroma, das sie zu einem guten Würzkraut für Salate macht. Streuen Sie die Samen einfach in den Unterteil einer dick mit nasser Watte ausgelegten, kleinen Plastikdose. Halten Sie die Watte immer feucht, und die Kresse wird schnell aufgehen. Sie ist sehr kurzlebig, dafür wächst sie aber auch schnell nach.

Beeren

Freche Früchtchen

Nicht einmal Beeren-Naschkatzen müssen sich in Topf- und Balkongärten in Verzicht üben. Monatserdbeeren z.B. gedeihen in Töpfen bestens – und zwar vorzugsweise in Südost- und Südwestlagen. Wenn Sie sie ausreichend gießen und düngen, tragen sie reiche Ernte. Geerntet wird ab Mai. Lustig sind Hänge-Erdbeeren. In einen Hängekorb oder eine Blumenampel gepflanzt, lassen sie schnell lange Ranken herunterbaumeln, an denen sich Erdbeerfrüchte entwickeln. Viel überraschender ist aber die Einsicht, dass auch Beerensträucher nichts gegen die Topfkultur einzuwenden haben, nämlich Stachelbeeren sowie Rote, Weiße und Schwarze Johannisbeeren, Brombeeren und Himbeeren. Lassen Sie sich von einem Profi-Gärtner bei der Sortenauswahl beraten, damit Sie besonders ertragreiche Beerensträucher an Land ziehen und genau erfahren, welche regelmäßigen Pflegemaßnahmen und Rückschnitte notwendig sind.
Eine spektakuläre Topfbeere ist die Andenbeere oder Physalis, von der es seit ein paar Jahren in besser sortierten Gärtnereien im Frühjahr Pflänzchen zu kaufen gibt.

Die Ananas gehört zu den **Beerenfrüchten**, dasselbe gilt übrigens für Orangen, Zitronen, Wassermelonen und Tomaten.

Serviceseiten

Gartenzeitschriften:
- „Flora“, *www.flora.de*
- „Mein schöner Garten“, *www.mein-schoener-garten.de*
- „Garten + Haus“, *www.garten-haus.at*
- „Kraut & Rüben“, *www.krautundrueben.de*
- „Gardeners' World“, *www.gardenersworld.com*
- „Gardens Illustrated“, *www.gardensillustrated.com*

Gartenlinksammlung:
www.gartenlinksammlung.de

Garten-Organisationen:
- Deutsche Gartenbau-Gesellschaft, *www.dgg1822.de*
- Die Österreichische Gartenbau-Gesellschaft, *www.garten.or.at*
- Royal Horticultural Society, *www.rhs.org.uk*

Die wichtigsten Gartenschauen:
- jährlich im Mai:
  Chelsea Flower Show, London, *www.rhs.org.uk/chelsea*
- jährlich im Juli:
  Hampton Court Palace Flower Show, London, *www.rhs.org.uk/hamptoncourt*
- jährlich im Juli:
  RHS Flower Show at Tatton Park, Cheshire (nahe Manchester), *www.rhs.org.uk/tatton*
- jährlich von Ende April bis Mitte Oktober:
  Le Festival International des Jardins, Chaumont-sur-Loire *www.chaumont-jardin.com*
- jedes zweite Jahr von Ende April bis Mitte Oktober:
  Deutsche Bundesgartenschau (z. B. BUGA '07 in Gera und Ronneburg, BUGA '09 in Schwerin) *www.bundesgartenschau.de*

Samenversand:

- Kiepenkerl, *www.kiepenkerl-saatgut.de*
- Reinsaat, *www.reinsaat.co.at*
- Sarah Raven's Cutting Garden, *www.thecuttinggarden.com*
- Thompson & Morgan, *www.thompson-morgan.com*
- Chiltern Seeds, *www.chilternseeds.co.uk*

Spezialgärtnereien (mit Versand):

- Kräuter und Duftpflanzen:
  Rühlemann's Kräuter & Duftpflanzen,
  www.kraeuter-und-duftpflanzen.de/ibis3/
  Jekka's Herb Farm, *www.jekkasherbfarm.com*
- Bio-Gemüse-, Kultur- und Blumenpflanzen + Raritäten:
  Verein Arche Noah – Gesellschaft für die Erhaltung der Kulturpflanzenvielfalt, *www.arche-noah.at*
- Geranien, Pelargonien:
  Gärtnerei Stegmeier, *www.gaertnerei-stegmeier.de*
- Stauden:
  Staudengärtnerei Dieter Gaissmayer,
  www.staudengaissmayer.de
  Sarastro-Stauden / Christian H. Kreß
  www.sarastro-stauden.com
- Clematis:
  Thorncroft Clematis Nursery
  www.thorncroft.co.uk
  Gartenbau Wagner
  www.gartenbauwagner.at
- Blumenzwiebeln und interessante Raritäten:
  Albrecht Hoch Pflanzenspezialitäten, *www.albrechthoch.de*
- Rosen:
  Rosen Schultheis, *www.rosenhof-schultheis.de*
  David Austin Roses, *www.davidaustinroses.com*

Zimmerpflanzen-Info im Netz:
„1001 Answers to House Plant Questions“,
www.houseplantsecrets.com

Fernlehrgänge Gartendesign und Gartenpraxis:
The English Gardening School at the Chelsea Physic Garden, London, *www.englishgardeningschool.co.uk*

Schädlingsbekämpfung/Nützlingsversand:
Biohelp Nützlingszucht, *www.biohelp.at*
STB Control-Nützlingszucht, *www.stb-control.de*

Info im Netz bei Pflanzenkrankheiten:
Der Pflanzendoktor, *www.zimmerpflanzendoktor.de*

Bildschirmschoner „Gartenzeit“
Gartentrockenübungen, *www.10eq.com/screensaver.html*

Sachregister

Pflanzenregister

Gartennotizen

Gartennotizen

Gartennotizen

Gartennotizen

Gartennotizen

Gartennotizen

Gartennotizen

Zertifikat

Herzlichen Glückwunsch!

Willkommen in der Welt der Blumensamen, Töpfe, Gießkannen und Schildläuse! Mit der Lektüre dieses Buches haben Sie die idealen Voraussetzungen geschaffen, um Ihren Balkon, Ihre Fensterbank oder Ihre Terrasse in ein Blumenmeer zu verwandeln und ein echter Grüner-Daumen-Inhaber zu werden.

Wir wünschen viel Erfolg und gute Blüte.

Name des Balkongärtners:

____

Größe des Balkons/der Terrasse/Anzahl der Fensterbänke:

____

Die schönsten Blüherfolge:

Pflanze: ______________ Blühdauer: ______________

Pflanze: ______________ Blühdauer: ______________

DIE AUTORIN / DER ILLUSTRATOR

A: Die Autorin
B: Der Illustrator

A

B

Die Autorin

Julia Kospach ist Literaturkritikerin und schreibt außerdem regelmäßig zu den Themen Garten, Natur und Reise. Nach einer langen Vorbereitungszeit als „Lehnstuhlgärtnerin“ zog sie vor einigen Jahren in eine Dachgarten-Wohnung in der Wiener Innenstadt. Der Übertritt in die gärtnerische Praxis hat seither längst Suchtcharakter angenommen. Sie findet oft vierblättrige Kleeblätter und hofft, den grünen Daumen ihrer Mutter geerbt zu haben.
Dieses ist ihr drittes Gartenbuch nach „Augenweide. Der Garten der Gärten“ (2003, gemeinsam mit André Heller) und „Das Gartenspiel. Notizen aus dem Dachgarten Eden“ (2004).

Der Illustrator

Christopher Fellehner arbeitet als freier Illustrator in Frankfurt am Main. Neben seiner Arbeit für Verlage und Designagenturen ist er außerdem Spielzeugentwickler.
Für seine eigenen Zimmerpflanzen hat er bislang nicht unbedingt ein Händchen, hofft nun aber auf den "Grüner-Daumen-Durchbruch".